渋沢栄一
日本の経営哲学を確立した男

山本七平

さくら舎

はじめに――五百の会社を興した男

日本の経済界の基礎を据《す》えたのは誰かという問いに対して「それは私だ」と言い得る人がいるとすれば、それは渋沢栄一《しぶさわえいいち》であろう――この言葉は多くの人が口にし、かつ記《しる》している。

確かに彼は、民部省租税正《そぜいのかみ》として税制を確立し、大蔵省 改正掛掛長《かいせいがかりかかりちょう》として度量衡《どりょうこう》、駅伝（注：公的交通通信制度）、幣制（注：貨幣金融制度）、鉄（注：鉄道敷設《ふせつ》案）等の新制度を樹立し、明治六年（一八七三年）に下野《げや》（注：官職を辞《や》めて民間に下る）してからは民間にあって第一国立銀行の設立で近代的な金融制度を、共同運輸（日本郵船の前身）の設立で近代的な海運を確立し、その他約五百の新会社を興《おこ》している。

彼は、日本の伝統社会の上に欧米式の産業組織と近代技術を定着させた名オルガナイザー（注：組織者）で、この点ではまさに明治の新しい日本人である。

では、西欧的教養を身につけた洋風ハイカラ明治人かというと、おもしろいことに決してそうでなく、その中身は徳川時代の価値観そのままの、まことに古い日本人であった。その出処進退は、まさに「封建的規範《きはん》」のままであり、生涯、自らの指針としたものは『論語《ろんご》』

であった。

晩年『論語講義』を著《あらわ》したが、それには各章句への注解の次に、それに関する感想や、生涯のさまざまな局面で、その章句に基づいてどのような決断を下したかの思い出などが記され、一面では自伝になっているのでたいへんにおもしろい。

それを読むと「なるほど『温故知新《おんこちしん》』とはこういうことを言うのか」とか、「こういう規範を持たない限り日本ではリーダーになれないのか」とか、「日本社会ではこういうタイプが信頼を得るのか」とか、さまざまのことを考えさせられる。

その中で、これから就職して世に出ようとする若い弟子に対して孔子《こうし》が言った言葉が出てくる。『論語』為政《いせい》第二の十八だが、次に引用しよう。

「『子張《しちょう》、禄《ろく》を干《もと》めんことを学ぶ。子曰《いわ》く、多く聞きて疑わしきを闕《か》き、慎《つつ》しんでその余を言う。則《すなわ》ち尤《とが》め寡《すくな》し。多く見て殆《あや》うきを闕《か》き、慎《つつ》しんでその余を行う、則《すなわ》ち悔寡《くいすくな》し。言うて尤《とが》め寡《すくな》く、行い、悔寡《くいすくな》ければ、禄《ろく》その中《うち》に在《あ》り』

子張、その師孔子に官吏《かんり》となりて俸禄《ほうろく》を求むる道を問う。孔子これに対《こた》えて曰く『おおよそ士たる者禄仕《ろくし》せんと欲せば、よろしく自ら修養して実力を充実せよ。その修養の方法は、多く聞きて博《ひろ》く道理を識《し》るも、己《おのれ》が確信せざる点すなわち疑いの存する所はこれを闕《か》き（捨て）、ただ自ら間違いなしと信ずる処《ところ》を人に語るようにし、多く見て広く事物を知るも、大丈夫と思わぬこと、すなわち危殆《あやうき》行為はこれを闕き、ただ自ら道義に反せずと思惟《しい》する所を行えば、すなわち他より咎《とが》めらるること少なく、また自ら後悔する所少からん。かくのごとく言うて咎め少く、行うて後悔《くい》少ければ、世上の評判よろしくなりて、君相《くんしょう》（注：君主と宰《さい》相《しょう》）にも知られ、我より求めずとも、必ず彼より我を登庸《とうよう》すべし。すなわち禄その中《うち》にあるなり。何ぞ自ら沽《う》ることを要せんや』と」

以上が彼の注解である。

そしてこの注解に続いて「これただ（昔の）官吏のみならず、（現代の）民間の諸職業についてもまた同じ理なり」と記している。

これを読んでおもしろいと思ったのは、その生涯において最も積極的に活動した人の心的態度が実に控えめで、むしろ消極的とも言えることである。これが、あらゆる改革を強力に推進し、五百の会社を興した人の言葉と考えると少々不思議である。

というのは一口に五百社と言うが、月に一会社を創設していっても四十余年かかるわけで、このようなことが可能な人は、彼の前にも後にもいないからである。

確かにそれは明治という一大変革期だから可能だったのであろうが、しかし、変革期だからといって、すべての人に可能だったわけではない。それについて、彼は次のような感想を続けて述べている。

「しかるに現代においては『かくのごとき言行を慎しむくらいの消極的修養を積んだのでは、到底生存競争の烈《はげ》しき社会に立って成功はおぼつかない。積極的に自己を世人《せじん》に認識させねばならぬ』と激語して、しきりに自家《じか》広告をなす人あり。何ぞ図《はか》らんこの輩《はい》は人に嫌われて社会に疎《うと》まるべし。言《こと》忠信にして行篤敬《おこないとつけい》なれば、官界でも民間でも必ずその人を信用すべし。

余が八十年来の実験はその通りなり。多く聞きて疑わしきを捨て、その余をいうということは、余程《よほど》の謙遜家でなければできぬことである。多く見ていやしくも危《あや》うしと思う所を捨て、慎しんで控えめに行うということは、軽卒浅慮《けいそつせんりょ》の人にできることではない。知らぬことは知ったふりせず、いうことに間違いなく、なすことに誤りなく、終始言行一致であったら、誰か信用せざる者あらんや。

世の信用の厚き人であったならば、自家広告をなさずとも、必ず人が使ってくれるものである。急がば廻れ、近道はかえって危《あや》うきものである」

おもしろい感想だが、「成功者の処世訓」として反発する人もいるかもしれない。

しかし私の周囲でも、大きな仕事をし、立派に業績をあげる人は、その点では実に積極的でありながら、その心的態度は、むしろ消極的と言える人が多い。と同時に、その心的態度は実に積極的で、自己を顕示《けんじ》し、自らを売りこみながら、これといった業績は何もないと言える人もいる。もちろん本人がそれに不満を感じていないのならよいが、ほとんどの場合は、決してそうではない。

そしてそういう人だと、何かを頼もうとか、共同で何かをしようとかいった気持ちになれないこともまた事実なのである。

以上の『論語』の言葉への賛成・反発は各人の自由だが、これが「意見」というよりむしろ「事実の指摘」であることは否定できない。この点を心に留めておいて無駄ではあるまい。

◆目次

「渋沢栄一の十一年間」から学ぶべきこと

第二章　日本を動かした『論語』の本質は何か

孔子から見ると日本社会は残虐

第三章　老荘の知恵の生かし方

老荘についてはじめて話す

老子の思想を読む

第四章　日本人への十二戒

おわりに——渋沢栄一が熱中した『論語』　215

渋沢栄一　日本の経営哲学を確立した男

第一章　最も注目すべきは渋沢栄一

大経営者「渋沢栄一」ができるまで

大変化を平気で乗り切る

渋沢栄一が明治維新を迎えたのは二十八歳のときですが、当時のように「人生五十年」といわれた頃では、もう中年を過ぎているわけです。

その年齢に達していながら、あのような大変革を平気で乗り越えることができた。その後まるで不倒翁《ふとうおう》（注：起きあがり小法師《こぼし》）のように、一九三一年、九十一歳で亡くなるまでずっと活動を続けてきた。

生まれたのが一八四〇年、天保《てんぽう》十一年ですから、幕末から昭和まで疾風怒濤《しっぷうどとう》の時代をまったく破滅せずに生きてきた。それも単に生きてきたというのではなくて、多くの仕事をしてきた。このようなことがどうして可能だったのでしょうか。

これからは変化の時代であるといわれますが、今後どんなに変化が起ころうとも、明治維新ほどの大変化はもうないと私は思っています。あの維新の大変化さえ彼は少しも戸惑わず平気で乗り切っていった。これは一体、何によって可能だったのでしょうか。

これが渋沢栄一を考える場合、また将来の参考として彼のことを見ていく場合、いちばん重要な点ではないかと思います。

挫折のたびにそれを逆用

彼のことを不倒翁と申しましたが、一面から見ると、若い頃の彼は蹉跌《さてつ》（注：つまずき）ばかり多く、挫折の連続なのです。何かやると必ずうまくいかない。

まず最初に高崎城乗っ取り（注：尊皇攘夷《そんのうじょうい》思想を実践しようとしたが計画倒れに。詳細は後出）を企《たくら》むが、これはもちろん失敗に帰する。挫折して半《なか》ば逃げるように京都へ行く。そして平岡円四郎《ひらおかえんしろう》（注：江戸で知己《ちき》になった一橋《ひとつばし》家の家老職）の斡旋《あっせん》で徳川慶喜《とくがわよしのぶ》に仕《つか》える。

尊皇攘夷を叫んでいた者が、一橋家は尊皇の家柄だからということで、徳川一門の慶喜に仕えることとなります。ところが平岡円四郎がやがて暗殺されてしまい、そこで彼はまた挫折するわけです。

そのうちに思いがけなく慶喜が徳川十五代将軍を継ぎました。栄一自身が自動的に幕臣になってしまったわけです。

これにはさすがに耐えられないから、幕府の役人をやめようと考えたが、しかし、慶喜は長州へ出陣するという。

ここで逃げだせば腰抜け武士になる。これも耐えられないと悶々《もんもん》としている矢先、慶喜の弟、徳川昭武《あきたけ》に随従してフランスに行けという命を受けたので喜んで引き受けた。

彼は留学するつもりでフランスへ行ったのですが、今度は幕府が瓦解《がかい》してしまった。ここでもう一度挫折するわけで、行くときは勢いよく出ていったのですが、帰国時は半ば犯罪人扱いみたいな状態で横浜に上陸することになったのです。

もう宮仕《みやづか》えはたくさんだと、明治二年（一八六九年）に静岡で「商法会所」という、商社と銀行を合わせたような会社をつくる。これからはこの仕事一本でやっていくんだというときに、今度は明治政府に無理やりにスカウトされる。

静岡藩若年寄の大久保一翁《おおくぼいちおう》から、おまえがいやだと言うと、静岡藩が朝命にさからって有用の人材を出仕させないということになって、徳川家の迷惑となることだから、ぜひ行ってくれと言い含められて、せっかく設立した「商法会所」を放りだして、民部省に勤めざるを得なくなりました。

因《ちな》みに「常平倉《じょうへいそう》」と改称した「商法会所」は、明治四年に廃藩置県が実施されたとき消滅しました。

これにはいろんな説があって、「商法会所」がうまくいって慶喜が財力を持つと、明治新政府にとっては害があるというような発想があったのではないかと言う人もいるわけです。

いずれにせよ、日本最初の会社設立は挫折する。

彼は新政府にスカウトされて、とうとう大蔵省大丞《だいじょう》（事務次官）にまでなりました。彼は抜群の能力があったからこの地位までいったのですが、大蔵卿大久保利通《おおくぼとしみち》と意見が衝突して、退官することとなる。やめるとき多くの友人から翻意《ほんい》をすすめられる。

玉乃世履《たまのせいり》という後《のち》に大審院院長になった人から「君は現に官界でもかなりの地位にいる。将来きわめて有望であるのに今辞職するのは実に惜《お》しい。野《や》に下《くだ》って商人となるのは金儲けのためかは知らないが、世間から軽蔑《けいべつ》されて、一生官吏の頤使《いし》の下《もと》に働くことになるだろう。ほかに方法がありそうなものではないか」との忠告を受けるわけです。

それでも彼は、明治新政府はもうお断りだと辞職してしまうわけですが、考えてみれば、彼はこれまでに何回も挫折しているのです。何かをやろうと思うと、必ずどこかでうまくいかなくなる。

ところが彼の場合、妙なことに、うまくいかなくなるたびに何かそれを逆用するような形で、自暴自棄にならずに運命を切り開いていくというところがあって、その挫折が少しもマイナスになっていない。こういうおもしろい点があります。

並みはずれた合理性と先見性

こういうタイプの人間は、一体、どういうところから出てきたのでしょうか。

私にいちばん興味があるのはこの点でありまして、なにしろ彼は明治維新のときに二十八歳ですから、そのときすでに人格形成が終わっているわけで、人間として見た場合、むしろ幕末人であって、明治になって教育を受けた明治人ではないわけです。

彼は武州（注：武蔵国《むさし》）血洗島村《ちあらいじまむら》で、藍《あい》（注：染料）の生産と養蚕《ようさん》をやっている農民の子どもです。なぜこのような地から、こういう高度の合理性を持った人間が出てくる可能性があったのか。明治以前にすでにこのような高度の合理性を持つ人がいたということは、日本が近代化しても少しも不思議ではないということになります。

彼はたいへん強い合理性を持っていると同時に、十六歳のときに『巡信記詩《じゅんしんきし》』という詩集をつくっているという、おもしろい一面があります。これは尾高惇忠《おだかあつただ》（藍香《らんこう》）（注：栄一の従兄《いとこ》で、妻・千代《ちよ》の兄でもある）と二人で信州へ藍を売りに行く。セールス兼集金に行くわけですが、その途中で競いあって漢詩をつくり、この詩集ができたのです。

当時の人の教養の程度を考えてみる場合にたいへん参考になるので、読んでみると、十六歳の少年——当時はもう少年とは言えないと思うのですが——がつくった詩ですから、立派な詩かどうかわかりませんけれども、現今セールスしながら詩をつくる人は、まずいないことを思えば、まことに人間に幅があっておもしろいわけです。

さらに彼は、非常に的確な先見性を絶えず持っているということが言えるのですが、この先見性は、いつもなんらかの合理性に基づく判断であって、決してイデオロギー的なものではありません。

彼の先生ともいえる尾高藍香も、近いうちに幕府は倒れると見ていた。藍香が『御伝馬《ごてんま》論』（注：公用逓送《ていそう》機関についての文章。「伝馬」は逓送――荷物等を宿場から宿場へ順に送ること――用の馬）を書いて幕府の倒壊を予言したちょうど五年後に幕府は倒れたわけですが、この見通しを何から導きだしているかというと、財政問題から論じているのです。幕府は財政的にもう成り立つはずがないということを、非常に的確に説いております。

藍香は幕府には所得税を取るという考え方がないことを不合理だと思い、こんな不合理なことをやっていれば絶対に持つはずがないというふうに判断していくわけです。

慶長の家康の頃は、農業が主体でしたから、五公五民という形は一種の所得税のようになるわけですが、畑《はたち》地の場合は金で納める。永楽銭《えいらくせん》二百五十文《もん》というような形で納めるのです。それも一反歩《たんぶ》あたりいくらという形の税金ですから、どんなに付加価値の高い物をつくっても、粟《あわ》、稗《ひえ》のような物をつくっても、面積が同じならば税金も同じということになると、付加価値の高い物をつくるほうが非常に有利になります。

また、インフレで物価が当時は慶長の頃の約七倍から十倍に上がっているのに、税率は神君家康《いえやす》がお定めになった、昔どおり変えようとしない。

藍香が自分のところを実際に計算してみると、藍、繭《まゆ》という付加価値の高い物をつくっているので、名目的には「五公五民」というけれども、実質的には「〇・五公の九・五民」になっている。

農民は税金がやすいからたいへんありがたいのですが、幕府は税金（収入）がそのような状況ですから、支出のほうも変えられない。だから家康が定めたとおりにしかやらない。

武士はどんどん貧乏になってくる。物価は慶長の頃より十倍も上がっているのに、俗にいうベースアップが三百年近くの間に一遍もないのだからたいへんです。

扶持米《ふちまい》（注：俸禄として主君から与えられる米）として米でもらっているから、ある程度は物価にスライドするわけですが、とうていこれは物価高に追いつかない。特に困るのは参勤交代のときに沿道で人夫を雇うのですが、その賃金が家康の定めたとおりになっていることです。

家康という人は政治的感覚のきわめて鋭い人ですから、関西の大諸侯が朝廷と結んだときの幕府の危機に際し、幕軍が東海道を進撃するのに沿道の住民の援助が得られるよう、沿道の住民に恩恵を与え、手なずける方策を実行しました。

それは参勤交代の大名に沿道から人夫を雇わせ、この賃金を当時の普通の人夫賃の倍近く高く定めたのです。ずるいやり方です。幕府は金を出すわけではなく、参勤交代の大名が全部賃金を負担するのですが、沿道の人びとは潤《うるお》うから、幕府をありがたいと思うことになるわけです。

しかし、幕末になっても、この家康が定めた人夫賃は変えてないのです。変えることができないのです。物価は家康の頃より十倍も上がっているのに賃金は据《す》え置きでは、家康の頃恩恵だったものが、幕末にはたいへんな苦役《くえき》になり、人びとは沿道から逃げだすという状態にまでなってきたのです。

尾高藍香は、こんなことをやっている幕府が長く持つはずがない。いずれ財政的に破綻《はたん》するといっているわけです。こういう論証の仕方は、決して狂信的な尊皇攘夷ではなくて、むしろ一つの合理的な発想から来ています。

渋沢栄一は、こういう藍香の影響を非常に強く受けたのだろうと思います。

新しい情報を得たら新しい判断をする

栄一は農民であると同時に商人であり武士的気質も持っていたわけですが、当時の藍をつくる農民は、もう耕して食うという農民ではなくなっていて、いわば繊維・染料メーカーのような意識です。

つくって売る。だから従来の農民意識とは異なり、生産性を高め、有利に販売し、合理化をするのにはどのようにすべきかを、藍香、栄一などは絶えず考えていたのです。

そこでものの考え方がたいへん合理的であると同時に、商売ですから当然に情報に対してきわめて柔軟に対処するわけです。

自分がある一定範囲内の情報で、一つの考えをまとめている。ところが別な情報を入手したとき、今までの考えをまったく変えてしまう。

変えることをなんとも思っていないのです。これが当時のコチコチの水戸浪士などとは、大いに違う点です。

たとえば高崎城乗っ取りの企《くわだ》てについて考えてみましょう。この企ては、いわば血洗島村というところにいての情報に基づく判断なのですが、それを、当時日本で最も先進的な場所であった京都から戻ってきた尾高長七郎《おだかちょうしちろう》（注：尾高藍香の弟）にとめられ、激論の末、中止しました。

このように新しい情報を得たら、これを直《ただ》ちに分析して、新しい判断をするのです。

彼が一橋家へ仕官したとき、慶喜は京都を守護する京都守衛総督と、大坂（注：明治維新後は「大阪」の海を防衛する摂海《せっかい》（注：摂州《せっしゅう》——現在の大阪府や兵庫県——の海）防禦《ぼうぎょ》という二つの職掌《しょくしょう》を担当していました。

当時の一橋家には兵備というものが少しもないに等しい。現実には諸藩に命じて守らせるという形になっているが、大半が言うことを聞かない。だから諸藩の鼻息をうかがって何かをする以外に方法がないという状態になっていました。

慶喜が職掌を十分に尽くすためには、ぜひとも兵備が入用です。しかし武士を抱えようとしても高禄を出して抱えることはできない。

そこで栄一は、その兵員は一橋家の領分から志《こころざし》のある農民を集めるのがいちばんよいと、いわゆる農兵隊を組織することを建言して採用になり、彼自身が「歩兵取立御用掛《ほへいとりたてごようがかり》」として、それを実行に移すわけです。

兵員を集めるとなると今度は財政上の問題が出てきます。少しでも一橋家の収入を多くして、領内の者も富むようなことを工夫してみたいと栄一は考え、それまでは年貢米《ねんぐまい》の処分は、現地の蔵元《くらもと》を通じて大坂の米の取引所、堂島《どうじま》で売りさばくのが普通なのですが、米の価格が安いので、そこで売るのをやめて、高く売れる灘《なだ》、西宮《にしのみや》あたりの酒造家との直接取引を始めます。

そのほか収入を多くするために、播州《ばんしゅう》（注：兵庫県南西部）の木綿を大坂へ回送して商売するため藩札を発行したり、備中《びっちゅう》（注：岡山県西部）では硝石《しょうせき》（注：黒色火薬の主成分）がたくさん取れるので、硝石の製造所を設《もう》けたりしました。

今までの考え方をくるっと変える

彼がこの頃書いたものを見ると、穀物市場ないしは、それに基づく金融などについて実によく調べています。このときの調査研究が、後に彼がフランスへ行ったときに、非常にプラスになったのではないかと思います。

こういう知識を持っているから、ヨーロッパへ行っても少しも驚いていない――というと語弊《ごへい》がありますが――確かに驚いてはいるのですが、何が何やらさっぱりわからないで驚いているのではないのです。

たとえばパリの証券取引所へ行っても、彼にはそこでやっていることがどういうことか、およそのことは、すぐ理解できたようです。

彼が血洗島から直接パリへ行ったのでは、このようにはいかなかったと思います。当時の日本のいちばん先進的な、京都、大坂で実質的に学んで、それからパリへ行ったということが彼にとってはたいへんプラスだったのだろうと思います。

銀行を見ても彼は少しも驚いてはいません。というのは当時大坂に十人両替（注：江戸幕府が選任した十人の御用両替商）というのがあって、これが発券銀行のようになっていて、普通の両替商はこれに金銀を預ける。そうすると預かり手形を書いてくれる。商人は普通の両替商に金銀を預けて預り手形を書いてもらい、この手形をもとに振り手形（小切手）という手形を振り出して、これが流通していたわけです。

しかも両替商に絶大な信用がある場合は、たとえば百万両預けると二百万両という預かり手形を書いてくれる。また今でいう当座貸越《とうざかしこし》（注：当座預金を持つ企業と銀行とが契約することで、預金残高を超えて一定の限度内ならば手形などを支払ってもらえる制度）もできる。いわば信用の創造もやっていたわけです。

彼はそういうのを見ているから、パリで銀行業務を見ても理解できないで驚くということはなかった。むしろ銀行制度を貪欲に調べて吸収しようとするのです。

このように彼は京都へ行ったら行ったで、そこの情報を手に入れ、それに基づいて自分の考え方を変える。俗に言う頑固な信念を振りまわすということは一切ないのです。

フランスへ行っても、ナポレオン三世治下のフランス最盛期のパリでの新しい情報をどんどん手に入れる。そしてそれに基づいて、今までの考え方をくるっと変えてしまうのです。新しい情報が入れば、それに基づいて判断する。彼はそうすることを少しも恥《は》ずべきこととは思っていないし、信念に欠けることだとも考えてはいなかったのです。

バターもコーヒーもストライキも

彼はまた、社会というのは決して固定しているものではない。絶えず変化していくもので、変化するのが当たり前なのだという意識を常に持っていました。

これは考えてみると、幕末から明治維新という激変の時期を経過した人ですから、社会の変化は当然と受けとめ、その変化に対応していくのが当たり前であって、これが私の信念だというように妙な形で過去の状態に自分が固着してしまってはいけない。こういう発想は絶えずあって、その時代に敏感に対応しております。

これは市川房枝《いちかわふさえ》氏（注：日本の婦人運動を主導。政治家）が書いているのですが、大正元年に「友愛会」が創立され、いわゆる大正労働運動というのが起こります。この創立者が鈴木《すずき》文治《ぶんじ》（注：日本の労働運動の草分け。政治家）ですが、栄一はこの鈴木文治と親しく交際して、親切な相談相手になっていました。ですから当時の経営者の一部からは、まるで裏切者のように言われたわけです。

この頃の労働運動はきわめて過激だったので、警察は治安警察法第十七条で絶えず労働運動を取り締まっていました。「友愛会」は、治安警察法第十七条の撤廃と、労働組合法の制定を主張しました。おもしろいことに、渋沢栄一自身は治安警察法第十七条を撤廃しろ、労働組合法をつくれと、労働者側と同じことを言っているのです。

それだけではなくて、大正十四、五年頃、長野県岡谷《おかや》の製糸工場で女工のストライキが起こったとき、栄一は二百円を送ってストの援助をしている。これは当時のいわゆる資本家というものを考えたときに非常に不思議な態度です。

彼はそのときすでに八十五歳を超えており、普通ですとたいへん頑固な老人になっているはずなのですが、こういう新しい状態に対してきわめて柔軟な対応をしております。

彼の書いたものを読んで感じることは、彼が何ものにも偏見を持って接することがないということです。たとえば『航西《こうさい》日記』（注：フランスに行ったときの日記）を見れば、バターをぬったパンを「味《あじわい》甚《はなは》だ美なり」と書いています。

これはたいへん不思議なことです。というのはバターのにおいを当時の日本人は非常に嫌ったものです。バター自体が樽詰《たるづ》めですから、発酵《はっこう》してにおいが強い。「バタ臭い」という言葉がありますが、彼はちっともそんなふうには思わない。

またコーヒーについて「すこぶる胸中を爽《すこやか》にす」と誉《ほ》めています。食物についてはたいへん偏見が先に立つものですが、彼には全然偏見がないのです。

このように、労働運動であれ、パンであれ、バターであれ、これに対応するときに実に柔軟性があって、決してはじめから何らかの偏見を持って見るということはなく、それをそのままに見ていくというたいへんにおもしろい点があります。

この特性があるからこそ、幕末から明治へ乗りかえるというときに、彼は何にもまごつかなかったのではないかと思います。

「不易」と「流行」

彼の生き方を見ると、このように柔軟性があるとともに、少し極端な言い方をすれば、死ぬまで徳川時代人であると言って間違いないと思います。ものの考え方は幕末の普通法、これは武士を除く農・工・商がその下で生きていた法律ですが、その人たちの考え方とほとんど変わっていない。だから、ある面では自己の生き方というものは一生変わっていないのです。

ところがさまざまな新しい現象が出てくると、それに対しては実に柔軟に対応しています。これがいわゆる「不易《ふえき》」（注：不変）と「流行」ということだろうと思うのですが、全然変わらないというものがあるがゆえに、逆に外部の変化に対して少しも抵抗なく対応できる。ところが不易なるものがないと、逆に流行に対応できないと、確かに言えると思います。

彼は一生、非常に敏感にというか、柔軟に対応している面と、頑として変えない面と、二つの面を持っています。これがあのような大きな変化の中を平気で乗り切ってこられた理由ではないかと考えます。

これからも世の中にどういう変化が起こるかわかりませんが、私どもは、やはりそういった一つの基本をつかんでいて、同時に変化していく面もつかんでいく、こういう態度をとっていればよいのではないかと思います。

「徳川時代人」的意識

私は渋沢栄一はある面では徳川時代人であり、幕末の農・工・商の人びとの考え方とほとんど変わらないと申しました。では、どういう点が変わらないのか。

これは徳川時代を考えてみる場合に、我々はいろいろな点を誤解している。その誤解を取り除くと、日本の社会の基本的な構造は、徳川時代から現代までほとんど変わってはおりません。

たとえば家族の構成です。戦後よく核家族化したといわれていますが、徳川時代の農・工・商においてははじめから核家族です。中田薫《なかだかおる》という先生（注：東京帝国大学教授）が『徳川時代の文学に見えたる私法』（大正十二年出版）という本で、非常におもしろい研究をしております。

当時、武士と農・工・商は法律が違いました。武士の場合には相続権がない。この指摘はたいへんおもしろいのです。

まず領主というものには相続権がない。この領地は先祖伝来のわが家の領土である。だから私にはこれを相続する権利がある、ということを幕府に申し立てる権利はないのです。これはヨーロッパの制度と違うところで、だからこそ幕府は領主の国替が自由にできたのです。普通の侍《さむらい》はどうだったのでしょうか。私たちにはなんとなく武士には相続権があったように思えるのですが、これもやはり権利として主張することはできなかったのです。

父が千石《ごく》取っていたから、自分はその千石を相続する権利があると殿様に言えるかというと、これは言えない。願い出るより方法がない。通常、長男が「家督《かとく》を仰《おお》せつけられたく」と願い出て、許可されてはじめて千石の扶持《ふち》がもらえるのです。だから再給付であって、相続権という権利ではないのです。

ところが農・工・商の人びとは——こちらは普通法が適用されるのですが——これは相続権を持っていて、同時に核家族であります。中田先生も指摘しているように、一軒の家に数家族が住むか、あるいは分家してそれぞれが家を持つか、ということは、一に経済的水準の問題であって、ほかの問題ではないのです。

これは渋沢家を見てもわかるのですが、本家、分家という意識は一応あっても、本家が分家を統制する家長権は全然持っていないのです。本家、分家というのは名前だけで、それぞれ独立した核家族になってしまっている。ですから経済的水準が高ければどんどん分家をしてしまう。その全体を統制する家長権というものはないのです。

　これが中国や韓国と大いに違うところです。中国や韓国では、核家族の上に一族を統制する権利を持つ大家族があって、それがいわば宗族《そうぞく》集団を構成しているわけです。

　日本の場合、徳川時代には宗族集団は全然ないので、家族というのは夫婦単位でどんどん分かれていく。ですから核家族化は今と基本的に変わりありません。

　宗族集団が明確にある国では、一族の誰かが謀《む》反《ほん》を起こしたというような場合は、一族全部が連帯責任を負います。「唐律《とうりつ》」（注：唐代の刑法典）を見るとたいへん厳しく、謀反を起こすと父親は自動的に死刑、十六歳以上の男子も自動的に死刑、それから妻妾《さいしょう》子女は奴隷として売る。伯叔（注：伯父と叔父）は流《りゅう》三千里（注：きわめて遠い地への流《る》刑《けい》）とか、血縁順序によって刑が決まる。財産は没収される。

　ところが日本は武家法においても父子格別《かくべち》と定められ、親と子でもまったく別とされていた。だから承久《じょうきゅう》の乱のように、子どもが幕府に仕《つか》えていて、父親が天皇側に仕えているということがあるわけです（注：後藤基綱《ごとうもとつな》は承久の乱で幕府の軍奉行を務めた側だが、父の基清《もときよ》は上皇側であったため、子・基綱に斬られた）。こういう場合、父子格別であって一切問題にしないというのが原則になっているのです。

この原則は徳川時代になっても同じで、いわゆる勘当《かんどう》をしてしまうと関係がないということになる。いわば、あるのは親権であって家長権はない。だから隠居しても親権は持っています。ですから隠居後も、子どもが自分をちゃんと扶養しない場合、勘当すれば、勘当は相続権の剝奪《はくだつ》ですから、相続させたものをまた取り返すことができるというたいへんおもしろい制度が徳川時代にはあったのです。

このように親権は強いが、これはあくまでも子どもに対してだけであって、家長権はないのです。ですから同居の弟夫婦、妹夫婦あるいは叔父、叔母がもしもいた場合、これに対して長男が家長としてなんらかの権力をふるうということはできないから扱いに困ります。たいへん厄介《やっかい》ですから、ここから「厄介者」という言葉が出てきたといわれます。

しかし、渋沢家などを見ておりますとどんどん分家する。経済的水準が高いところは、同居はしないで分家をして核家族化する。それから隠居をする。隠居したら経営権は相続人に渡してしまう。ただし相続人は必ず隠居を扶養する義務がある。扶養しなければ親権を行使して相続を取り消すことができる。こういうたいへんおもしろい形になっております。

家族に対する渋沢栄一の態度ははなはだ徳川時代的で、親権の行使、勘当をすることなどをなんとも思っていない。むしろ不埒《ふらち》なことをしたら勘当するのは当たり前だという意識をたいへん強く持っていました。

こういうところを見ると彼はやはり徳川時代人だなという気がするわけです。

日本で最初の会社を設立

社会の基本的構造が、実は徳川時代から今日に至るまで実質的に変わっていないということは、現代の社会に対処するときにも、ある意味において基本的に変える必要はないという面が出てくるわけです。同時に宗族集団がないから、核家族の上はなんらかの組織しかない。

これは昔からの日本の一つの現象ですが、なんらかの利害が一致すれば、血縁に無関係の規約集団、一揆《いっき》（注：問題解決のために結成した集団）をつくりました。これのいちばん古いものはおそらく無尽《むじん》（注：相互扶助的な金融機関。原初的な銀行）でしょう。貞永式目（注：鎌倉幕府の基本法典）にも無尽に関する法律がありますから、こういう集団規約をつくってそれに基づいて運営するのです。

足利時代から徳川時代に至るまで、何か一つの事業をやるときには必ず一揆契約をしています。たとえば寺を建立《こんりゅう》するというときも、やはりこういう契約をしてみんなで協力しています。

渋沢栄一が明治二年につくった日本最初の会社すなわち「商法会所」の設立方法は、ちょうど一揆の契約と同じようなやり方で、豪商を集めて規約をつくって、それで事業をするという形になっているのです。ですから、やり方がヨーロッパの会社のようでもあるし、日本の伝統的な一揆の営業体のようでもあり、こういう二つの面を持つ興味深い組織体です。日本の古い会社を見ると、たとえば日本石油を設立した内藤久寛《ないとうひさひろ》と村内の有志七人が一揆と同じような規約をつくって、それによって石油を掘るという形になっています。

「商法会所」の定款《ていかん》（注：基本規則）を見れば、前述のように栄一は日本の伝統的な行き方と、ヨーロッパで学んできた会社に対する知識との両方を活《い》かしているわけです。

これがなぜ可能かといえば、すなわち核家族しかないですから、その上がすぐなんらかの形の組織になる。同時に時代が変われば、その組織の内容は人工的にどんどん変えていっても少しも構わない。

ところが大きな宗族集団をつくっている大家族ですと、これは血縁集団で、人工的につくった組織ではないですから、社会が変わったからといって、宗族集団の内容を変えるわけにはいかないのです。これが明治における日本と中国との対応の違いになってくるわけです。日本ではいちばん基本的な基礎になっている家族集団（核家族）というものには変化はない。その上の組織は、その時代の合理性に合わせてどう変えていってもいいと栄一は考えていたのです。

そういう考え方ですから、すべて何が最も合理的であるかという発想だけでやっていけたのです。

一橋家の兵隊を集める場合も、何も武士である必要はない。豪農その他の息子で志のある者を連れてきたほうがよいではないか、彼はすぐそのように考えるのです。というのは前述のように日本には血縁集団というものがない。その上がすぐ組織ですから、その組織へ連れてきて新しく合理的に機能し得る組織をすぐつくることができると思ったからです。

血縁集団がないことが日本の近代化において非常に有利な社会的状況であったわけですが、彼はそれを実に正確に見て取ったのです。その時の状態に応じて絶えず組織替えがおこなわれても少しも構わない、それが当然であるという発想をしているのです。ですから明治になると伝統的な一揆的な組織とヨーロッパ的な会社が一緒になって、新しい会社ができてくる。大正になると今度は労働組合ができてきます。

彼は、これもまた社会の要請に応じてこういう組織ができてくるのは当然と受けとめ、どのように対応すればよいかを考えても、決してそれに対して拒否反応を起こさない。彼のこういう態度はおそらく一生変わることはなかったと思います。

保険も銀行も自分の手で

日本に保険というものを持ってきたのも彼です。この事実を見ても、彼がいかにものを見抜くことにおいて敏感であったかがわかります。

明治十年（一八七七年）第一国立銀行に海上受合《うけあい》（注：請合《うけあい》・保証）業務が開かれ、明治十二年東京海上保険会社が設立されると、この業務はすべて同会社に譲渡されました。

栄一はフランスで保険というものを見たときに、すぐ、これは日本でうまく営業できると考えたのです。これはたいへん的確な判断だったわけで、今や日本はとうとう世界最高の保険国になり、一世帯当たりの保険加入額は、ついにアメリカを抜いてしまいました。

血縁集団が強固な社会は、いざというときには一族の援助が期待できるので保険はちっとも発達しないのです。保険は自己保障しかない社会において発達するわけで、核家族というのは原則的にいうと自己保障しかないわけです。ですから自己保障しかないという日本の社会を、彼は実によく見ていて、保険というものは日本では必ずうまくいくというので、すぐこれを日本に持ってきたのです。

彼が第一国立銀行を設立したときに、たいへんおもしろく事業内容の説明をしております。その漢文調の文章を、渋沢秀雄《しぶさわひでお》氏（注：渋沢栄一の四男）が現代語訳をしておりますから読んでみます。

「そもそも銀行は大河のようなものだ。役に立つことは限りがない。しかしまだ銀行に集まってこないうちの金銭は、溝《みぞ》にたまっている水や、ポタポタ垂《た》れているシズクと変わりはない。時には巨商豪農の倉の中に隠れていたり、日雇い人夫やお婆《ばあ》さんの懐《ふところ》にひそんでいたりする。それでは折角人を利し国を富ませる能力があっても、その効果はあらわれない。万里を流れる勢いがあっても、土手や岡に妨げられて進むことはできない。

しかし銀行を建てて巧みに流れ道を開くと、倉や懐にあった金が寄り集まって、非常に多額の資金となるから、おかげで貿易も繁盛するし、産物もふえるし、工業も発達するし、学術も進歩するし、道路も便利になるし、すべて国の状態は趣《おもむき》をかえる」

現代語に訳すとこういう設立趣意書を彼は書いているのです。

ここで彼が言っていることはたいへんおもしろいのでありまして、彼の生家も、いつも現金を持っていないと仕事ができなかった。徳川時代は京阪神では金融制度は相当進歩していたといっても、関東ではとてもそうはいかなかったのです。関東は中進圏くらいですが、後進圏になるともっとひどい状態でした。

渋沢家でも藍を仕入れますと支払いは全部現金払いです。しかも取引ができるときは一気にできますから、いつも現金を蔵に積んでおかなければならない。ずいぶん無駄なことですが、次にこれを藍玉《あいだま》（注：藍からの染料）にして紺屋《こうや》（注：藍染《あいぞ》め業者）に売れば、全部掛け売りになるから多額の資金が寝ることになります。その間の融通《ゆうずう》資金は全部自分が持つことになります。

彼は、この資金を銀行に預けて、必要なときに銀行から借りられれば、資金の運用は何十倍にもできる。地方の豪農などにはこういう資金はたくさんあるだろう。それを預金させれば莫大な資金になるはずだと考えたのです。自分の生活体験から出た発想と思われます。

なんとかして銀行という形で資本を集め、それによって事業を興《おこ》す。また資金の必要な先には貸し出すという形で資金を運用すれば、すべてがたいへんうまくいく。これはおそらく自分の家などにあった状態からの直接的な判断だろうと思います。

銀行というものは先進圏の両替商を別にすれば、それまではなかったのですが、それでも中進圏以下では無尽などがある程度銀行の代理をしていました。

また徳川時代には質屋《しちや》が相当大きな力を占めていた。質屋というのは今の質屋とは違い金を貸すのではなく、何か質物《しちもつ》を持っていけば「金何両」と書いた質札を出し、それが手形みたいに流通したのです。

このように彼は金融の面についても、すぐそれに対応する組織をつくっていったのです。彼が実行したことを見ていくと、広範《こうはん》にわたり生涯を通して柔軟に対処しているのです。

いち早くアメリカを重視

栄一が最初に行ったのはフランスですが、生涯、いちばん親しみを感じたのはむしろアメリカで、おそらく彼は将来の日本にとってアメリカは最も重要な国になると考えていたと思います。

こういう点はやはり彼はたいへんに敏感です。当時の日本人は一般的にアメリカをそれほど評価してはいませんでした。やはりヨーロッパが第一で、アメリカなんかはたいした国とは思っていませんでした。

彼はアメリカを重視して、アメリカとの関係の改善、親善には、生涯たいへんな努力を捧げております。彼は不思議なことにヨーロッパには、わりあいに無関心なのです。これはある意味において、彼が将来の大きな勢力になるものを見抜いているという面があるわけです。

これは一つの仮説なのですが、ニューディール（注：ルーズベルト大統領が大恐慌を克服するためにとった経済政策）をもしも彼が知ったら、日本であの昭和初期の不況の際に、どういう方式をとろうとしただろうか。この不況が戦争のいちばんの基本になったのですが。

アメリカもたいへんな不況だったわけですが、ニューディールという形でこれを乗り切りました。日本でも、栄一くらい敏感な人がいて、別な形のニューディールができ、これこそが新しい社会に対応する一つのやり方だという考え方をすれば、ずいぶん昭和の日本は変わったものになっていたのではないかと思います。

当時の日本人には、不況のときには賃金を上げて有効需要を創出する、それに対して政府がなんらかの介入をする、というような方法はとても考えられない。

そういういわゆるケインズ的発想がなかったわけですから、そこにもしも彼くらいの一つの柔軟性を持ってものを見る人がいたならば、そういうことも可能だったのではないのか、という感じもするのです。

きわめつきの頑固さも持ちあわせる

栄一はもう一面において、たいへんに頑固なところがありました。明治六年新政府を辞職するに際し、多くの人が才を惜《お》しんで引きとめたが、彼は頑として留まらず、以後いかなることがあっても絶対に官につきませんでした。

東京市長に推されそうになって断り、明治三十四年には、肝胆相照らした仲の井上馨《いのうえかおる》が内閣総理大臣になる話が持ちあがり、栄一が大蔵大臣を引き受ければ組閣できる状況でしたが、頑として承知せず、井上内閣は流産に終わりました。

また、伊藤博文《いとうひろぶみ》に政党の必要を説いたのは彼であって、彼の言うことにたいへん感服した伊藤博文は二年後に立憲政友会をつくりました。そのとき彼は伊藤から党員になれと勧められましたが、しかし彼は断りました。

そこで伊藤博文はたいへんに怒って、「君は幾度も私に政党の結成を勧め、手紙までよこしておきながら、党員にならないとは不親切だ。まるで私をだましたようなものだ」と言いました。

ところが彼は「自分が先に立って運動したり、実業家の立場をすてたりはしないと書いてあります。私は政治の舞台に立つ役者にはならないかわりに、役者に熱心に拍手喝采《はくしゅかっさい》を送る見物人にはなるという意味です」と反論しました。

彼は勅選議員《ちょくせんぎいん》（注：勅任《ちょくにん》された貴族院議員）に選ばれたことがあります。勅命の拒否ということは明治の人間には絶対にできない。一応勅命ですからただ一日登院をして、同日辞表を提出してくるのです。決して拒否はしないけれども、辞表を提出するために登院するだけで、決して議員にはなりません。

こういうところの頑固さというのは、生涯貫《つらぬ》いておりまして、明治六年に新政府をやめて以来一切政治にはタッチしません。

こういう点でも、生涯、態度を変えないというところがあります。これは彼の不易なる点だろうと思います。

『論語』を基準に人を評価

晩年になって彼は教育とか社会事業に尽力したわけですが、東京高商（注：一橋大学の前身）をつくり、また二松学舎（注：第三代舎長）を援助し、漢学的な伝統をなんとかして日本に残そうとしています。

さらに彼は膨大《ぼうだい》な『論語講義』を残しているのです。日本の伝統はあくまでも守っていかなければならない。同時に西欧的な新しい経済的な教育も大切です。この二つを併存させなければならないということを彼は絶えず考えていたようです。

彼の「論語と算盤《そろばん》」という考え方にもあるのですが、彼は「事業のいちばん基本は道徳だ」という含蓄《がんちく》のあることを言っているのです。

おもしろいことには内村鑑三《うちむらかんぞう》も同じようなことを言っております。「事業のいちばんの基本は道徳なのだ。資本ではない」と。

確かにその人間が非道徳的だと思えば、事業を託する人間はいないわけで、これがいちばん基本だという言い方はたいへんおもしろい。

栄一は人を見る場合、『論語』で人を見ました。そして生涯人を見誤ることはなかった由《よし》。人の採用という場合も、いつも基準は『論語』でした。

これはある意味において、栄一がきわめて正確に日本における組織の実態を見ていたということになるだろうと思います。

日本の場合、上下秩序が何によってできているのかというと、これは実は、今に至るまで儒教的原則であって、決してヨーロッパの組織的原則ではないのです。ですから人を登用するときに、彼はよくできるけれども人望がないからだめだという言い方を平気でするわけです。

私は冗談にある社長に「人望なんかなくてもいいのではないですか」と言うと、「いや、そんなこと言ってもだめだよ。人望がなければだめだ」。「人望って何ですか」と聞くと、「人徳だよ」。「人徳って何ですか」「そりゃ君、人徳だよ」。それから先は少しも進まないのです。

なんらかのそういうものがない限り、一つの部なり一つの課なりを統率する人間としてふさわしくないという意識が日本人にはあります。

その場合の人望とか人徳とかの内容は一体何かということになると、これは儒教的な原則なのです。もちろん『論語』も入ってまいりますが、朱子《しゅし》（注：朱子学を確立した儒学者）の『近思録《きんしろく》』にあるような九徳（注：人望やリーダーシップの九つの基本型）があるかないかといった判定が、そのまま基準になっているのです。

ですから日本における組織の上下秩序は未だに決してヨーロッパ的ではない。むしろ儒教的なのです。だから栄一が、『論語』を基準にして人を評価して生涯見誤ったことがないというのは、非常に合理的な意味のある言葉なので、今でも実際はそうだろうと思うのです。

そうでなければ人望があるから、人徳があるからって、こういうような評価が出てくるはずがない。

これは日本の場合、不思議なくらい絶対化されています。「あの男は人望がないから……」それでおしまいになってしまいます。

組織におけるその人の位置づけを、何によって決めるかという場合、そのようにたいへんに強い儒教的要素があるのですけれども、現在では、儒教的要素があるということを意識しなくなってしまいました。

彼の場合は、はっきり一つの組織をつくるときの原則だということを意識して、『論語』を基準にして人を評価しています。もちろん『論語』だけではなかったと思います。

あの時代の人で『近思録』を読まない人はまずいないはずですから、そちらの十思（注：十の思慮・配慮）とか九徳とかも、もちろん基準になったと思いますが、こういう場合、日本的組織の実態というのを彼はきわめて正確につかんでいます。

同時にヨーロッパの組織は、外面的には似ているようでも、内実においてはまったく違うということも、彼ははっきり知っていたわけです。それを意識して知っていたというのは、やはり幕末人だからこそ、これがはっきりわかったのだろうと思うのです。

昭和になってくると、逆にこれがわからなくなってくる。こういう面があります。

なぜ渋沢栄一に興味を持つか

今、私が彼に興味を持つのは、現存の会社などは、内実は彼がつくった頃の会社と違わないからです。

戦後になって非常にアメリカ化したといっても、別に雇用契約で人を雇うわけではなし、細かいマニュアルがあるわけではなし、このマニュアルどおりにやればいくら月給を払うということになっているわけでもない。彼の時代と全然変わってはいない。

変わっていないということを彼までさかのぼって、もう一回これを再把握してみると、どの組織でも必ずしもそれが一〇〇％いいということは言えません。アメリカの組織にもかなり問題点はあるのですが、同時に日本のように、外側がアメリカ的な組織で、内実が儒教的な秩序といったようなことにも、やはり一つの問題点があるでしょう。

この問題点がどこにあるかというのを把握するには、やはり彼に戻って見るというのがいちばんいいやり方ではなかろうか。

栄一は、ある意味において日本の会社をつくった人であり、同時に幕末から明治へというきわめて大きな変動期を過ごしてきた人であり、さらに、東京高商と二松学舎を育てた人でもある。

こういう点を考えて見るときに、やはり彼は、生涯変わらない一つの明確な、これこそが日本の会社を動かしていく実態なのだというものを把握していたと思います。

それをもう一回把握し直してみないと、我々が将来に対処するための問題点はつかめないのではないでしょうか。

この点で渋沢栄一という人は、私どもにとっていちばん興味がある人ではないかと思います。

「渋沢栄一の十一年間」から学ぶべきこと

なぜ十一年間か

「渋沢栄一の十一年間」という妙な題ですが、十一年間と申しますのは、簡単に言えば、高崎城の乗っ取り、これを計画したときから、第一国立銀行を設立し、総監役（注：実質的な頭取）になったときまでです。

この十一年間は、渋沢栄一の年齢で申しますと二十三歳から三十三歳まで、日本の年代でいうと文久《ぶんきゅう》三年から明治六年まで、西暦でいうと一八六三年から一八七三年までで、この十一年間というのは、まことに不思議な時代でして、あらゆる面から見て日本がいちばん大きな転換をした時期といえるわけです。

この時期を栄一個人と対応させて見てみましょう。まず、高崎城を乗っ取って、その余勢を駆って横浜に切りこんで、これを焼き討ちして異人を一掃しよう。こういうことを計画しました。

単に計画しただけでなく、家の金を百六十両ごまかして武器を買う。同志を六十九人集める。決起寸前に尾高藍香の弟である尾高長七郎と三十六時間激論をして、やっとこの計画を一時中止する。

自分では本当に実行するつもりであったのですが、こういう人間が十一年後に第一国立銀行総監役（頭取）になってしまった。

どうしてわずか十一年間にこれだけの変化があり得たのでしょう。妙な比喩《ひゆ》になりますが、新左翼的な行動をした人間が、十一年後に第一国立銀行の総監役になれば、これは誰でも不思議に思うわけでして、なぜそれが可能であったのだろうかと考えざるを得ません。

この十一年間は日本がいちばん大きく転換した時代で、よくこれほどすごい転換に耐えられたものだと思うくらいであります。

私なども、よく将来の日本がどうなるのか、これから世界は、そして日本も大きく変化するだろうが、どうしたらいいのだろう、と訊《き》かれることがありますが、そんなことは誰にもわかるわけがないと、まず答えます。

たとえば六〇年安保のときに新聞が、「六〇年代の日本」という特集をした。今読むと全然当たっていない。七〇年にまた「七〇年代の日本」という特集をやりましたが、これもまったく当たっていない。

一九六〇年代には「経済成長、所得倍増」いわゆる経済成長政策が始まるということを、誰も予期していない。七〇年代にはオイルショックの到来を誰も予想していない。八〇年になると、さすがに新聞ももう照れくさくなったのか「八〇年代にはこうなる」という予測は、もう掲載されなくなりました。

十年先というのは、これくらいわからないものなのです。では、わからないときは、どうすればいいのか。それは過去においていちばんものすごい変化をした十一年間、このときに、たとえば渋沢栄一という一人間がどう対処していったのか、これは同時に、全日本がいかに対処していったのかということに通ずるわけですが、これを見ればいちばんよくわかる。

学ぶのにいちばんいい人がいるとすれば、この渋沢栄一を措《お》いては誰もいない。私はそう考えて、この歴史的にいちばんおもしろい十一年間における彼の、さまざまなものを吸収しながら自らが変化し、かつ成長していく過程、この期間だけに限って探ったわけです。「渋沢栄一の十一年間」というのはこれを言うわけで、その後、第一国立銀行総監役になってからの彼の業績は、あまねく知られていますが、この十一年間というのは、実はわかりそうでいて、いちばんわからないところです。

ここに彼、渋沢栄一が渋沢栄一になったいちばんの要点があると思い、この十一年間に区切ったのであります。

彼の生涯の概要をもしも書こうとすれば、四百字詰め原稿用紙で、おそらく一万枚以上になってしまって手に負えないでしょう。そのくらい大きな業績を挙げているのです。

同年代の福沢諭吉と比べて

私は、この十一年間の彼を見ながら、同じ年代の人間と比較してみました。いちばん興味深かったのは福沢諭吉《ふくざわゆきち》です。諭吉のほうが六歳年上ですが、ほぼ同年代と見ていいわけです。

この二人には非常に似た点があると同時に、著《いちじる》しく違った点があります。幼年時代から見ていっても、似た点があって、同時に違った点がある。これが二人の生き方の生涯の違いになっていると思うわけです。

諭吉のほうは、実学ということを盛んに言ったけれども、実業はあまりしなかった。栄一は実学などと特に唱《とな》えたわけではないが、一つの実学をそのまま実社会に実行していったわけです。

二人とも十五歳のころにおもしろい経験をしています。諭吉のほうは、有名な話ですが、殿様の名前を踏んでしまって兄さんに怒られる。踏んだって別に罰《ばち》が当たるわけじゃあるまいと、今度は名前をせっちんに投げこむ。今度はお札を踏んでみるが別に罰は当たらない。またこれをせっちんに投げこむ。

庭に祠《ほこら》があって、中に何かが入れてあり、みんなが拝《おが》んでいる。あけると石が入っている。

おもしろいから石を取り換えて入れておいたら、またみんなが拝んでいる。こんなものは全部つまらぬ迷信だと考えたという話が、彼の十五歳のときであります。

これも一種の実証主義です。幕末の人間にどうしてこういう実証主義があったのか、たいへんおもしろい点であります。

ところが栄一著の『雨夜譚《あまよがたり》』を見ますと、栄一は故意にそのようなことをすることはなかったのですが、十六歳のときに彼の姉が多病で、なかなか健康が回復しない。いろいろ心配していると、親戚の中に、家に祟《たた》りのあるためだから祈禱《きとう》をするのがよいと勧める人があり、遠加美講《とおかみこう》というものを招いて祈禱をすることになりました。

両三人の修験者《しゅげんじゃ》が来て用意にかかったが、「中座！」と言う者が必要なので、その役にはその頃雇い入れた飯たき女中を当てた。室内にはしめ縄を張り、御幣《ごへい》（注：紙などを切り、細長い木に挟《はさ》んで垂《た》らした神祭用具）などを立てて、厳《おごそ》かに飾りつけをし、中座の女中は目隠しをして御幣を持って座ります。経文《きょうもん》のようなものを唱えはじめると、中座の女中が妙なことを言いだす。

「この家には無縁仏があって、それが祟りをするのだ」というようなことを言いますと、はじめに祈禱を勧誘した叔母が「それは確かにいる。伊勢《いせ》参宮に行ったきり消息不明になっている人がいる。この祟りを清めるにはどうしたらよかろう」と言うと、「その人の霊を弔《とむら》って、祠を建立《こんりゅう》して祀《まつ》りをするがよい」というようなことを言われるわけです。

栄一はこれにははじめから大反対です。子どもは黙ってろ、といわれ、一応は黙っているのですが、そのとき非常にうまい質問をしたのです。

いきなり、それは何年前のことですか、と訊きます。供養するのなんのといっても、何年前に死んだかわからないのでは困りますが、それは一体何年前ですか、と問う。相手は五、六十年前だ、という。では、それは何という年号の頃ですかとたずねると、相手はいい加減に天保《てんぽう》三年（一八三二年）頃だと返事をする。

私は驚いたのですが、そういわれた瞬間に栄一は「それは違う。天保三年なら二十三年前だ。こういう間違いがあるようでは、信仰も何もできるものではない」と詰問したのです。

叔母が横合いから「そのようなことをいうと神罰が当たる」などと言ったのですが、座はすっかり白けてしまいました。それまでは経文のようなものを上げられて、みんながそんなムードになっている。その中でいきなりこのように言うとみんなが白けてしまう。そこで遠加美講の人々を追いだしてしまった。『雨夜譚』にこういう話が出てくるのです。

これはちょっと福沢諭吉と似ているのです。ただ実証的に反論した反論の仕方が非常にうまく、まず、何年前ですかと訊く。次にもう一回、別の形で同じ質問をして、相手が本当に知っているのか、いい加減なことを言っているのか、すぐそれで調べてしまう。

同時に彼の場合ですと、祠の中の石を引きだして別の石を入れて置くというようなことはやっていないのですが、自分の身にそれが振りかかってきたときに、自分が実証的に、これはまったく納得できないと思うことに対しては、実に合理的に対処している。これが十五歳のときというのですから、驚きなのであります。

複式簿記をめぐる二人の違い

ですからこの二人の違いというのは、実は後になってもあらわれています。

これはたいへんおもしろい点ですが、日本に複式簿記を紹介したのは誰かというと、これは福沢諭吉ということになっており、「帳合《ちょうあい》の法」とこれを訳し、今日いうところの貸借対照表を「平均表」と訳したのです。

複式簿記の原理を本当に知って、これを日本に紹介したのは福沢諭吉であるということになっております。

この話は先日「Ｖｏｉｃｅ」誌（ＰＨＰ研究所）での連載「近代日本資本主義の創始者・渋沢栄一」が終わって城山三郎《しろやまさぶろう》先生と対談したときに出てきました。

城山先生は商業学校から一橋（当時の東京商大）に行かれました。簿記は商業学校時代に充分実地に教育されたので、商大へ入学しても容易にわかる。中学校出身者は教わっても、なかなか理解できない。全然わからないまま卒業してしまう者がたくさんいたとのことです。私が「福沢諭吉は簿記がわかっているようなことを言ったけれど、本当に記帳することができたのでしょうか」と訊くと、城山先生は「それはわからないのです。当時ですと、日記帳、仕訳帳《しわけちょう》、元帳《もとちょう》をつけて、貸借対照表と損益計算書をきちんとつくることが福沢諭吉にできたかどうか。彼は理論は紹介したかもしれないが、実技としてはどうでしょう」と言われ、結局、城山先生と私の結論としては、それはおそらくできなかっただろうということになりました。

それならば複式簿記を日本に本当に定着させたのは誰かというと、どうも福沢諭吉とは考えにくい。むしろ渋沢栄一ではないかと思います。

第一国立銀行はじめ、いわゆる番号銀行が次々にできてきますが、みんな簿記のつけ方がわからない。そこで当時イギリスの銀行の横浜支店長であったアレキサンダー・アラン・シャンドを大蔵省が嘱託《しょくたく》にして簿記の講習をやりました。第一国立銀行は会場を提供するなど、講習に協力しました。

栄一は、この講習会で、各地方の銀行から集まった人々に、実に懇切丁寧《こんせつていねい》に実際上の簿記のつけ方を講義しています。栄一が晩年、京都で講演したときに、私はシャンドの一番弟子だ、自分は彼に手を取ってもらうように簿記のつけ方を教わっていった、当時は簿記を理解するのは実にたいへんなことだったのだ、と語っております。

栄一は複式簿記の原理を知っているだけでなく、自分でもきちんと帳簿をつけて、さらに人に簿記を教えています。ですから日本に複式簿記を定着させたのは、渋沢栄一ということになるのです。

門閥主義を能力主義に

「門閥《もんばつ》（注：家柄）は親の仇《かたき》でござる」。これは福沢諭吉の言葉で、いわゆる門閥主義を能力主義に変えなければ日本の発展はないというわけですが、まったく同じ考え方が渋沢栄一の高崎城襲撃の決起趣意書に出てまいります。

今、すべてが門閥で決まるから世の中はうまくいかないのだ。能力のない人間が高い地位にいる。これがいちばん悪いことなので、自分たちは、その門閥を打破するために高崎城を乗っ取るのだ、そして幕府を引っくり返してしまうのだ、と言っているわけです。

門閥打破の意識は、栄一、諭吉、二人とも強く持っていたのですが、栄一はこれを実行に移そうとしたのです。二人はそこが少し違います。

人間は偉くなると、自分が門閥みたいになってしまうことがよくあります。この点私などは、後年の福沢諭吉は、ちょっと偉くなりすぎたのかと思う点があるのですが、渋沢栄一は、この時代の意識を最後まで持ちつづけ、高ぶったところはまったく見られませんでした。彼は明治三十三年五月、男爵《だんしゃく》を、大正九年九月、子爵《ししゃく》を授けられました。戦前の華族といえばたいへん偉いわけで、面識のない人が面会したいと申し込めるわけがない。しかし栄一は、どんな書生にでも会う。そして相手の言うことを実に細かく聞く。そばにいる秘書に全部書かせる。そのようにして得た情報は全部吸収してしまう。

このような態度は晩年になっても変わっていないのです。これも非常に不思議な点です。彼はおそらく若いときから、情報の吸収魔とも言える点があったのだろうと思うのです。

情報を得た場合、その新情報によって絶えず判断を変え、そして判断を変えるのを当然と考える。こういう面があったのですが、これが晩年も変わっていない。また、日本人は情報をインプットするだけで、アウトプットしないとよくいわれますが、栄一の場合はそうではなく、情報を集めると同時に、自分が考えたことは必ず上申する。『雨夜譚』を見ても上申の話はたくさん出てくるのです。自分の意見は実に率直に上司に伝える。同時にあらゆる情報を絶えず積極的に吸収する。これは生涯変わっておりません。

「幕末人」の資質

この十一年間を見ていくとたいへんおもしろいのですが、まず最初に高崎城の乗っ取り計画があります。これはおそらく尾高藍香の影響が非常に強かったためであろうと思います。

栄一はたいへんな読書家で、なにしろ四書五経（注：儒学の正典）を読みはじめたのが五歳であり、十一、二歳のころから藍香について学び、十六歳のときに信州へ藍（注：染料）のセールスと集金に、藍香と二人でまいります。セールス兼集金をしながら、『巡信記詩』という詩集を二人でつくってしまう。

二人とも農民ですが、私は幕末の農民のこういう教養がどうしてできたのだろうかと、いつも不思議に思うのです。

私はこの十一年間の彼を見ていると、渋沢栄一という人は、一生ある意味で幕末人だったのだろうといつも考えます。

この幕末人という意味の定義は非常にむずかしいのですが、徳川二百六十九年、この平和の間に蓄積された文化を彼は完全に一面で継承している。いわば一農民というのに剣術をやれば一通りの腕前で、武士なんかに負けるものかという気概《きがい》を持ち、学問も農業も商売もやっている。さらに彼の家は豪農で、栄一が家の金を百六十両ごまかしてもわからない。領主から御用金（注：財政不足を補うための臨時賦課金）五百両を申しつけられれば右から左に出せる。

栄一が高崎城乗っ取りをやめて京都に行くときは、当座の旅費、小遣いとして父親がぽんと百両くれる。このころの人身売買の代金はだいたい一両二分が相場ですから、こういう点ではたいへんな金持ちなのですが、不思議なことに決していわゆる大地主、寄生地主ではないのです。家中で勤勉に働いている。

穂積歌子《ほづみうたこ》（注：渋沢栄一の長女）の晩年の『ははその落葉』という母親千代さんのことを思って書いたものがありますが、なにしろ養蚕のときになると一家中が寝られないくらい忙しい。だから金持ちと言っても、あくまでも勤労により取得をしているのであって、小作米を収奪しているわけではない。

藍も養蚕による繭も非常に付加価値が高かったから、この二つから大きな利益を得たとは言えますが、それはあくまでも、一家全員が家業として働くことによって手に入れているのです。

彼に影響を与えた者を見ていきますと、彼の父親と母親、従兄《いとこ》の藍香の三人だけなのです。ですから彼には、徳川時代の伝統的な経営的農民、その一面がたいへんに強くあるわけです。

農民的勤勉と商人的勤勉は違うとよく言われます。耕して食うというのが元来の農民ですが、栄一の家は耕して食うわけではない。米はつくっていない。藍をつくり養蚕をやる。

これらはすべて自分で食べるものではなく売るものですから、一面において商人的です。現在の繊維、染料メーカーといった感じで非常に企業的な感覚が強い。これが彼の一面です。

しかし、それだけでは高崎城乗っ取りなんかを考えるはずはないわけで、ただひたすら家業に努力し、身の安全と富だけを追求していればいいわけですが、彼はそうではない。いわば天下国家のことがいつも念頭にある。

これが若いとき、暴走のような形で出てきたのが高崎城乗っ取りですが、これは尾高藍香の影響でしょう。あのときのリーダーは藍香ですから。

では藍香は、なぜ乗っ取りを考えたのでしょうか。

高崎城乗っ取り計画を思いとどまるわけ

藍香はたいへんな蔵書家で、村の中の私設図書館というくらいの蔵書家でした。といっても彼は学者でもなんでもなくて、やはり藍、養蚕による繭と油も売っていました。渋沢家ほど資産家ではなかったのですが名主《なぬし》でした。

藍香の蔵書は、彼が晩年深川の渋沢邸内に移り住んだものですから、大震災で全部なくなっている。だから藍香がどれくらい本を読んで、どれくらい学んでいたかは、故郷に残されたほんのわずかな蔵書から多少知り得るだけです。

『古文真宝《こぶんしんぽう》』が故郷に一つ残っていました。これは元来、中国では科挙《かきょ》（注：中国でおこなわれた官吏《かんり》採用の試験）の参考書です。もう一つ中国の養蚕書が残っていました。蔵書で残っていたのはこれだけですが、藍香が晩年に書いた想い出の記がありました。

これを読みますと、なぜ彼らが高崎城乗っ取りのようなことをやろうとしたのか、また、なぜそれをやめたのかが、だいたいわかります。

その藍香の書いた文章の中に、「方孝孺《ほうこうじゅ》論」というのがあります。「余、明史《みんし》を読み……」と始まるのですが、漢文で「感方孝孺殉国死節、笑其寡謀無遠識」という言葉が出てきます。

これは方孝孺の国に殉《じゅん》ずる死節（注：節義のために死ぬこと）には感動するが、計りごとが少なく（注：寡謀。謀《はかりごと》が寡《すく》ない）、遠く慮《おもんぱか》ること（注：遠い将来までも深く見通す見識）がないのは笑うべきだと言っているのです。

方孝孺は明《みん》の恵帝《けいてい》（建文帝《けんぶんてい》）に仕えた大儒《たいじゅ》といわれた大学者ですが、建文帝が叔父の燕王《えんおう》棣《てい》（後の成祖・永楽帝《えいらくてい》）の反乱により没し、方孝孺も捕えられました。

永楽帝の南京占領に先立ち、姚広孝《ようこうこう》という人が、方孝孺を殺せば天下の学問の種子が絶えると、永楽帝に忠告していましたが、方孝孺が帝の即位の詔勅《しょうちょく》を書くのを拒否し、簒臣《さんしん》に正統性なし――位を簒奪《さんだつ》した臣下を正統の天子とは認めがたい――として、「燕賊簒位《えんぞくさんい》」と大書したので、永楽帝は方孝孺とその妻子はじめ一族約八百人を殺害しました。

臣下としての道の原則を守ったということは立派なのだが、現実の処理はうまくできないで、こういう結果を招いた。これは笑うべきことだと言っているわけです。

維新の志士たちがよく読んでいた本に浅見絅斎《あさみけいさい》（注：江戸時代中期の儒学者）の『靖献遺言《せいけんいげん》』があり、この本の最後に出てくるのが方孝孺です。『靖献遺言』では方孝孺の行為は最も正しいものと称賛しています。

藍香たちはそれに感動して、方孝孺が、建文帝がたとえ無能であっても、正統な天子である以上、燕王棣が反乱を起こして位を簒奪しても、絶対にこれを認めなかったように、わが国でも天皇が正統であり、君主であるならば、徳川幕府というものはあってはならないものだとの考え方から、高崎城乗っ取りをやろうとしたのでしょう。

藍香の想い出の記には、この乗っ取りをやろうとしたことに対する反省が、方孝孺批判の形でさらに書かれています。

「其学術之正、文辞之佳、朱明之大家」（注：「朱明《しゅみん》」は明《みん》の王朝）方孝孺は明代のすぐれた学者、文章家であってそういう点ではたいへん尊敬はできる。しかし現実の問題はうまく処理することができない。「文士之論兵、往々如此……」。「文士」が兵を論ずれば往々かくのごとくになる。

「况十族八百余人、一死千忠義不豈偉乎」。いわんや十族八百余人、（中国では普通、どんなに罪が重くても九族を超えて罰せられることはないのです）義のために死ぬ。あに偉ならざらんや、やっぱり立派ではないか。だが彼は実際問題は何もできないでこういう結果を招いた。

これは笑うべきことだ。こう言っているわけです。

高崎城を乗っ取り、余勢を駆って横浜を焼き討ちして異人を一掃し、攘夷を断行して、それを幕府転覆の引き金とするといったようなことはまったく空想にすぎない。これを藍香の弟の長七郎から指摘されるわけです。

長七郎は京都に行って京都の情勢をよく弁《わきま》えている。十津川《とつがわ》の乱（注：天誅組《てんちゅうぐみ》の変。幕末に、奈良県・十津川流域の郷士《ごうし》が天誅組に加わって起こした反乱）でもそうだが、こういう企《くわだ》てはすべて失敗している。兵をあげたところで百姓一揆同様すぐ片づけられてしまう。諸君を犬死にさせたくない、暴挙はやめろ、と彼は注意するわけです。

このとき、双方の体力が続く限り、三十六時間も激論したらしい。この議論をした尾高邸二階の部屋は今も残っております。藍香も栄一も結局は思いとどまります。

藍香は、その当時の苦《にが》い想い出として、「自分は『靖献遺言』の方孝孺を気取ったけれども、よく考えてみれば、彼は実際上の問題は何もできなかった男だったのだ」と言っているわけです。

商売に新機軸

栄一はその後、京都へ行きました。半ばは関東にいては危ないから京都へ行くという事情があるのですが、父親から百両もらって行くわけです。

このときの父・市郎右衛門の対応は非常におもしろい。栄一が百六十両ごまかしたということを、そのときはじめて白状するのです。それは止むを得ないから家の経費と見做《みな》す、さしずめ旅用に必要だろうと父は百両くれるのです。

京都へ行き、彼はここで天下の志士なるものにたいへん失望したらしい。大言壮語《たいげんそうご》するだけか、そうでない者はどこかの藩の紐《ひも》つきだと『雨夜譚』にさらりと書いています。

そのうちに、めっきり懐《ふところ》がさびしくなり、食うや食わずになってしまった。そこで平岡円四郎の斡旋《あっせん》で徳川慶喜の家来になりました。

そこで彼は何を吸収したか。まず藩米の処理について、大坂の会所を通さずに、直接、灘や西宮の造り酒屋に売る。さらにまた、綿を買いました。藩札を発行して綿を買う。ただし、この藩札は兌換《だかん》紙幣（注：金や銀などとの引き換えができる紙幣）で、不換《ふかん》紙幣（注：金や銀などとの引き換えができない紙幣）にしない。

正金《しょうきん》（注：現金）三千両――これは勘定組頭としてやったことでありますが――を両替商に預けて、その代わり藩札発行の費用はすべて両替商持ちで、費用ただで三千両の藩札をつくる。この藩札で綿を買って大坂へ回送して商売をする。同時に藩札を正金にしたい者には、いつでも換えることを徹底したので、誰も換えには来ず、一両は一両で通用する藩札を発行することができた。

栄一は簡単にこう書いております。きわめて簡単なことのようですが、これは実に重要なことをやっているわけです。

当時、諸藩はみんなその産物を大坂で処理をしてお金にかえる。これを代行するのが蔵屋敷（注：倉庫兼取引所）で、いわゆる蔵元制です。藩の産物はみんな蔵元に入ってしまう。だから蔵元は大金持ちになり、その筆頭は鴻池《こうのいけ》でありまして、これは加賀《かが》百万石の前田家をはじめ、いくつかの大藩の蔵元を引き受けていたので、たいへんな金持ちになったのです。

蔵元には、掛屋《かけや》という独特の両替商がいて、融資もしておりました。掛屋が藩に金を貸すということもしていたのです。

米を買いたい人は蔵元に行きお金を払うと、「米切手」というものをくれる。その米切手を持って倉庫へ行くと米を出してくれる。一種の倉荷《くらに》証券（注：倉庫会社が品物を預っている証拠に出す証券）です。実際は、この米切手を堂島《どうじま》（注：大坂の経済の中心地）に持ちこんで売買する、米切手の売買なのです。これが堂島の米会所《こめかいしょ》、今でいう取引所なのです。

当時は正米《しょうまい》——これは現物ですが、現物取引もできたし、同時に帳合米《ちょうあいまい》（注：帳面上の売買）——これは信用取引ですが、これもできて、これらは全部、米切手の売買でおこなわれたのです。

さらにもう一つ、倉に米がなくても、お金を出すと米切手をくれる。すると先物《さきもの》売買になる。たとえば米切手は十一万石出ているのに、正米は三万石しかないということがあって、問題が起こることがあり、これを浮米《うきまい》といったのですが、これは金融に使う。

こうなるとこれはまったくの信用売買になってくる。帳合米で先物の信用売買をするのです。

この帳合米のときは証拠金を出さねばなりません。今の株式の信用取引と同じですが、その差額を貸してくれる両替商があって、だいたい仲買人が千六百軒、両替商が五十軒、これが大坂の米会所の仕組みですが、たいへん進歩したやり方であり、まったく資本主義的なのであります。

栄一は、この会所を通じて米を売ることをやめ、直接、灘、西宮の醸造家に売る。次に綿、灯油、塩についても毎日立ち会いがあるわけです。

栄一はこの綿の取引のときになぜ藩札を発行したのでしょうか。商品は高いとき売らなければつまらない。それでは高値がつくまで持ちこたえるにはどうするか。それは藩札を出して買えばいちばんいい。

もしも綿の値段が上がって売却したとき正金を取りに来る人があれば、その売り上げから払ってやればよい。もしも、なかなか高値にならなければ、両替商に預託してある正金で払えばよいという形で、藩札による綿の取引をおこなったわけであります。

栄一が会所の仕組み、商品取引の実態などを、ここまで調べあげ新機軸を出したことは、当時のわが国における先進圏大坂で調査できたからといえます。

彼は慶喜の下で、日本で最も先進的な大坂のこれらの経済機構を全部学んでしまうのです。それも非常に早く実態を吸収し、そのシステムを使わないで有利に藩米を処理するにはどうしたらいいか、綿の買い付けと処分を非常に有利にするにはどうすべきか、を考え、一つの結論を出して実行に移しています。

後年、彼がヨーロッパに行ったときに先方のさまざまなことを非常に早く理解できた背後には、この大坂における実地で学んだ学習が与《あずか》って力があったと思います。

なにごとにも偏見なし

徳川時代は経済的にかなりの地域差がありました。後進藩では、まだ貨幣も流通していないところがある。ところが大坂などでは、信用取引はもちろん、小切手（振《ふり》手形）、約束手形、為替《かわせ》手形など全部あります。

当時大坂には十人両替という大坂町奉行《ぶぎょう》から指名された大両替商が、発券銀行のようになっていて、普通の両替商はこれに金銀を預ける。そうすると預かり手形を書いてくれる。

商人は普通の両替商に金銀を預けて預かり手形を書いてもらい、この手形をもとに振手形（小切手）という手形を振り出して、これが流通していたわけです。

しかも両替商に絶大な信用がある場合は、たとえば百万両預けると二百万両という預かり手形を書いてくれる。今でいう当座貸越（注：当座預金残高を超えて手形を支払ってもらえる制度）もできる。いわば信用の創造もやっていたわけです。

彼はこういうことをすべてここで学んでからヨーロッパへ行きました。それと同時に、新しい政治情報を京都で手に入れていました。

新情報に基づく彼の判断は、故郷の血洗島村にいたときと同じ判断を下してはいないのです。判断というものはすべて、得た情報に基づいておこなうものだ。これは栄一にとっては当たり前のことなのです。

故郷にいるときはこれだけしか情報がなかったから、ああいう判断を下した。大坂や京都へ来てみると全然違う情報がある。そうとわかれば、もとの判断に信念的に固執する必要はないという考え方です。

まことにおもしろい言葉が『菜根譚《さいこんたん》』（注：中国の明の時代の儒者・洪自《こうじ》誠《せい》の著）にあります。「縦欲《しょうよく》の病《やまい》は医《いや》すべく、執理《しゅうり》の病は医しがたし」という言葉です。肉体の病は治《なお》すことができるが、理に執着する病は治すことができないと言っているのです。

栄一は執理の病にはかかりませんでした。たしかに水戸学（注：尊皇攘夷の国体論を打ち立てた）や『靖献遺言』などの影響を受けて高崎城乗っ取りをやろうとしました。

それはそのときの情報に基づく行動ですが、彼はその理にとらわれてしまって、その病気にかかってしまうということがない。そして、より大きな情報が入れば、それに基づいて判断を下す。栄一はこれを当然としたのです。

栄一に関するいろんな資料を見て驚く点は、あらかじめ偏見を持ってものを見るということがない。これがはっきりあらわれるのは食物なのです。

彼はフランス船に乗って生まれてはじめて、フランス料理のフルコースに出くわしました。これは、ほとんど四つ足を食わなかった幕末の人にとってはショックのはずですが、彼はパクパクきれいに食べてしまったのです。

『航西日記』はたいへんおもしろい記録ですが、その中には食物その他に不便を感じたということは一つも出てこず、「ブールという牛の乳の凝《こ》りたるをパンへぬりて食せしむ。味《あじわい》甚《はなはだ》美なり」とか「食後カツフヘエーという豆を煎《せん》じたる湯を出す。砂糖、牛乳を和して之《これ》を飲む。すこぶる胸中を爽《すこやか》にす」とか、途中で上海に上陸したときは「生餐《せいさん》（注：生食《せいしょく》。なまのままで食べること）せる広東菜《カントンな》、味《あじわい》、殊《こと》に佳《か》なり」と書いてあります。

人間はたいてい、はじめて行くところには食物的偏見を持つはずなのですが、栄一は偏見を少しも持ってはおりません。

パリで感動したこと

そして栄一はパリに到着します。彼について興味深いのは、彼はナポレオン三世なんかに会っても全然感動していないのです。何にいちばん感動したかというと、町の下を水と火が走っている。これは水道とガスと下水道のことです。

当時パリに留学した人は、かなりの数いたのですが、ガスと水道と下水道に、栄一ほど感動した人はほかに一人もいないのです。これらがいかに便利なものかということを痛感したのでしょう。

栄一は金持ちの家に生まれたといっても、一家中が働いている家庭でしたし、慶喜の家臣になったときはたいへんに貧乏をし、ネズミを焼いて食ったということを晩年話しておりま す。ですから、こういう実生活上における便、不便については非常に敏感なのです。

彼がパリから日本へ出した手紙には、パリの建物はだいたい四階建てで、ものすごく立派な建物だということも書いてありますが、特に強調されているのは、道路の下を火と水が走っていること、ガス、水道、下水道、こういうものができたらどれくらい便利になるだろうかということです。自然に彼の視点はそちらへ行くわけです。

栄一はまた、パリで万博を見ました。現在の科学万博でもそうですが、万博といえば世界中の国が、その時の自分たちの技術の最高峰を出展する。だから彼は当時の最先端技術をみんな見ているのです。

彼は興味のあるものは長々と書き残していますが、あまり興味のないものは出品国名と品名しか書いていません。彼が何に興味を持っていたかといえば、まず農業機械です。農家の出身ですから、機械化できればどんなに便利だろうかと当然考えるわけですが、よく調べており、アメリカ製のほうがイギリス製よりもよいなどと書いてあります。

次に精密機械、特に電信機です。情報の伝達ということに関して、彼は非常に敏感ですから、電信機はスイス製がいちばんよいと書いています。一つ一つ見て、どれがいちばんよいだろうかと見ているわけです。

「円」貨幣から外国為替まで

次に栄一が興味を持ったのは、諸国の貨幣なのです。彼はここでいろんな貨幣をはじめて見ました。四角い貨幣を用い、両《りょう》、分《ぶ》、銖《しゅ》（注：一両＝四分＝十六銖）と四進法になっているのは日本だけだ。丸い貨幣をつくろう。全部十進法にしたら便利だろうと考え、後に大蔵省（注：民政、財政を担当）改正掛《かいせいがかり》の掛長《かかりちょう》として、貨幣の形を改め、今用いられている十進法の円・銭・厘《りん》の呼称を制定したのです。

円をつくったのは、大蔵省改正掛掛長としての渋沢栄一なのです。

城山三郎先生は大蔵省の役人に、「紙幣の肖像に渋沢栄一を入れなくてはおかしいじゃないか」と言われたそうです。そうしたら、大蔵省の役人はなかなか頭がいいんで、「五万円札のために、渋沢さんはとってあります」といったそうですが、これは本当か嘘《うそ》かわかりません。

徳川時代の複雑な貨幣制を、イギリスでもなかなかそうはならないのに（注：一シリングが十二ペンスというように、十進法ではなかった）、全部十進法にして世界でも便利な通貨にしたことは、彼がパリにおいて、便利な貨幣制はいかにあるべきかを考えたからではないかと思います。

もう一つ栄一が興味を持ったのは、織物、特にリヨンの絹織物です。というのは、彼の郷里では繭ができ、絹をつくっているが、リヨンのようないい絹糸はとてもできないからです。

このようにパリにおいて、栄一の興味の焦点が非常にはっきりしているわけです。いろいろ将来の日本のことを考えて、こういう技術力に追いつく以外に方法がない、こういう発想をしたのだろうと思います。

こういうときは彼は非常に率直な人間でして、自分の思うことを隠しておくことはしない。

藍香にどんどん手紙を出しました。これが故郷でものすごく評判が悪かった。

晩年、栄一はその頃の思い出を語っておりますが、「渋沢栄一という男はなんというシャーシャーした男だろう。昨日まで尊皇攘夷だ、尊皇攘夷だと言っておきながら、幕府の家来になりパリへ行ったら、パリは立派だ、立派だと、平気で故郷に手紙を書いてくる。なんという、くるくる変わる変節漢だろう」ということを故郷ではさんざん言われて、栄一の家族は身を切られるような思いをしたとのことです。

しかし彼としてみると、新しい場所へ行って新しい情報を得たら、それに基づいて新しい判断を下すのは当たり前であって、同時に、それを発表するのも当然のことで、何も隠しておくことはない。この辺はたいへん率直であります。

栄一はまた、昭武（注：水戸藩最後の藩主、徳川昭武。このフランス視察団の主）の下で旅行中は庶務会計を担当していたので、日本人として外国為替を処理した経験というのは、彼が最初ではないかと思われます。

外国為替についても実に敏感で、フランを絶対にリラに替えないとか、あるいは日本から送金があった場合、どの通貨に替えておくかというようなことを、パリでいろいろ考えて処理しておりますが、諸国の通貨がどのような関係にあるのか、彼は理屈ではなく、実地にこれを覚えざるを得なかったのです。

さらに栄一は証券取引所を訪ねております。ここで国債と鉄道公債を買ったと書いていています。パリを引きあげるときにこれを売ってだいぶもうけたと書いております。これはいいと思ったらすぐ買ってみる。これもまことに実学的というか実務的というか、おもしろい点があるのです。

私が研究した理由

彼は日本へ帰って来て、やがて明治政府にスカウトされます。彼は頑として断るのですが結局スカウトされてしまいます。

大隈重信《おおくましげのぶ》が思い出として書いております。〝今の渋沢翁《おう》は誰が見ても温厚な長者のような顔をしているが、若いときから決してああいう顔をしていたのではない。民部省のスカウトのときも頑として承知しなかった。そのとき私の所に朱鞘《しゅざや》の太刀《たち》を腰にぶちこんでやってきて、「ことと返答次第によっては、すぐ一本まいるぞ」という勢いであった〟と。

民部省から大蔵省にかわるのですが、あんまり壮士みたいなものですから、大蔵省中が拒否反応を起こして、渋沢の下では働かないと、ストライキをしました。

これが日本で最初のストではないかと思います。そのときの首謀者が玉乃世履ですが、後に「これは自分が悪かった。渋沢は確かに俺よりもできる」と栄一に謝りにきます。彼は後に大審院院長になった人です。

このようにして渋沢栄一という人物ができてくるわけです。私たちが、将来日本が大きく転換するならば、それがどうなるのかを見通すためには、私がお話しした文久三年から明治六年までの十一年間の大転換期に、渋沢栄一がどう対処してきたか、その対処するためのいちばん基本的な心構えとは何だったか、これを知ることこそ将来に対するいちばん安全な道ではないかと思うのであります。

渋沢栄一を研究しようと思えば実に膨大《ぼうだい》になります。私がやったのはわずか十一年間だけです。その後の彼への研究はもっともっとあっていいはずだと考えております。

第二章　日本を動かした『論語』の本質は何か

なぜ『論語』だけが日本人に読まれたか

中国ではランクの下の副読本だった

『論語』というのは日本人に、いちばん大きな影響を与えたので、どのような影響をどんなふうに与えてきたのか、また『論語』の受けとり方は、日本と中国と韓国と、それぞれ違うわけでして、どういう違いがあるのかというような点から、まず話をしたいと思います。

『論語』と『千字文《せんじもん》』（注：中国の習字手本および文字習得のための漢文の長詩）が来たのは、応神天皇《おうじん》の十五年ということになっており、これは『古事記』にも『日本書紀』にも記されているわけですけれども、どうも伝説らしい。

しかし、伝説にしろ、当時、大陸から渡ってきた最初の本が、おそらく『論語』と『千字文』であっただろうということは、ほぼ推測がつくわけです。と申しますのは、唐の時代（注：六一八—九〇七年）ですが、唐の時代というのは『論語』は、そんなに珍重されていたり、高く評価されていたりしたわけではなく、いわば本当の聖典というものは「五経」（注：『詩』『書』『礼《らい》』『易』『春秋』）で、それらがいわば「先王《せんのう》の道」（注：天下を治める道。82ページ参照）です。

『論語』は副読本、せいぜい入門書というようなもので、当時の中国から見ますと、日本は夷狄《いてき》、東夷《とうい》（注：いずれも野蛮人）ですから、ああいう蛮族がわかるのはせいぜい『論語』であろう、だから『千字文』、あなた方はまず千漢字を覚えて本を読みなさい、この本が第一歩ですよ、ということで日本に来たんだろう、こう解釈していいだろうと思います。

中国の場合は、朱子《しゅし》（注：中国、南宋《なんそう》の儒学者）が「四書」（注：『大学』『中庸《ちゅうよう》』『論語』『孟子《もうし》』）「五経」と言うまで「五経」がいわば中心です。ですから、宋の時代（注：九六〇―一二七九年）になってはじめて「四書五経」という形で『論語』も聖典に入ったわけでして、それまで『論語』というものは、先ほど申しましたように、入門書ないしは副読本的なもので、科挙《かきょ》（注：官僚登用試験）の試験の正規な出題の対象にはならなかった。

そのほかにも儒教はいろいろ聖典がありますが、特に儒学十三経というのがあります。そのいちばん下、最後が、実は『孟子』です。最後から二番目が『論語』です。

「四書五経」の場合も、本当は「五経」のほうが先でして、それに「四書」が続く。その「四書」の中のいちばん下が『孟子』であって、その上が『論語』、「四書」の中でも大事なものは『大学』であって、これはトップになるわけです。

『大学』は、簡単に言うと天下統治の学ですから、これはいちばん重要ということになるわけです。

では実際、日本人が中国人のように「四書五経」を一生懸命読んだかというと、実はそうではないのです。

儒学とは何であるかとか、儒教とは何であるかというと、すぐ孔孟（注：孔子と孟子）の教えと簡単に申しますが、孔孟の教えというのは、簡単に言うと『論語』と『孟子』ということなんです。

中国の場合、そうじゃなくて、先王の道、いわゆる、黄《こう》、堯《ぎょう》、舜《しゅん》（注：いずれも神話伝説上の帝王）の道、「五経」がいちばん基本である。孟子というのは、その編纂者《へんさんしゃ》であり、解説書にすぎないので、彼らの場合、聖典というのは、あくまでも「五経」になるわけです。

ところが、日本人は、「五経」のほうは、専門家は別といたしまして、みんな興味を持たない。もっぱら、何を読んでいたかというと、孔孟の教えです。簡単に言うと『論語』と『孟子』を読んでいた。

これが我々の伝統でして、この点では、同じく儒教圏にあるといいながら、日本というのは、もしも儒教圏と考えれば、異端的なんで、彼らにとっていちばんランクの下のもの、およびその入門しか読まない、それから先は読まない、こういう形でずっときたわけです。

乱世の時代に日本人に浸透

では一体、これがいつごろ日本人に浸透しだしたのかということについては、ずいぶんいろいろ説がありますけれども、はじめは朝廷内で講義をされていただけである。清原《きよはら》家（注：舎人《とねり》親王を祖とする氏族）が代々、儒学の講義をするということになっておりましたから、こういう時代にはたいして浸透はしなかった。

おそらく浸透しだしたのは、『正平版論語集解《しょうへいばんろんごしっかい》』という木版本の注解付論語が正平十九年（一三六四年）にできる——たしかヨーロッパで聖書が印刷に付されるよりも日本で『論語』が印刷されたほうが一世紀近く早いのですが、これはだいたい南北朝（注：一三三六—一三九二年）の頃でして、この時代からぐんぐん『論語』は日本人に浸透していった。

なぜまた南北朝から戦国時代にかけて『論語』が浸透したのかというのはたいへんおもしろい問題ですが、当時はやはり乱世です。孔子の時代もやっぱり乱世であり、下剋上《げこくじょう》の時代であります。

おもしろいことに、ともに下剋上の時代であって、孔子のいる魯《ろ》の国自体が、三桓氏《さんかんし》（注：君主桓公《かんこう》からの三分家）、つまりは三人の家老格が私兵団をもっており、周《しゅう》時代、魯に封ぜられた正統的な本家・支配者というのは、もう宙に浮いて、実権は家老が握っている。

ところが今度は、陽貨《ようか》、公山不擾《こうざんふじょう》なんていう家老の下っぱがこれを握る。ちょうど足利時代の末期と同じでして、将軍よりも管領《かんれい》（注：将軍に次ぐ役職）、管領よりもその下っぱ、義輝《よしてる》（注：足利《あしかが》義輝＝室町幕府の第十三代将軍）よりも三好《みよし》三人衆（注：三好長逸《ながやす》、三好宗渭《そうい》、岩成友通《いわなりともみち》）、三好よりも松永《まつなが》（注：松永久秀《ひさひで》）と、ぐんぐん下のほうが権力をもつという時代になってしまう。

当時、『論語』などを読んでみましたら、非常に似た時代だわい、という連想があったのだろうと思うのですが、そういう足利時代末期と同様の中で、いかにして秩序を立てるか、これが孔子の発想の基本です。

ですから、平和な時代にいかに革命を起こすか、という発想は全然なく、乱世になって混乱した社会にどうやって秩序を立てるか、いわば秩序の学というものが『論語』の非常に大きな特徴であります。

平和な時代というのは、みんな革命のことなんか考えている余裕があるんですけれども、ほんとに春秋、戦国の時代になると、それどころじゃない、どうもならんじゃないか、社会の秩序をなんとか立てにゃならん。

ちょうど『論語』が浸透する時代も、多くの日本人が戦乱であきあきしていた。戦乱であきあきしたというのは、戦国末期のいろんな書物に出てくるわけですが、下剋上社会に対して、なんとか治《おさ》まりがつかないものか、なんとか秩序ができないものかというときに、『論語』というのは印刷に付されてどんどん浸透していった。

　これが、日本に『論語』が浸透しはじめた最初であろうと思います。

応仁の乱で日本の秩序がつくられる

　古い時代の日本は別としまして、いわゆる織豊《しょくほう》時代――信長、秀吉時代から徳川時代にかけて新しい秩序ができてくる。

　内藤湖南《ないとうこなん》（注：東洋史学者）のような人は、応仁《おうにん》の乱（注：室町時代、一四六七年から一四七七年まで続いた内乱）から昔の日本というのは、少なくとも現代史においては考える必要がない、というのは、あのときに、日本というのは引っくり返ってしまって、あの後から出てきた人間というのは、みんな元は野伏《のぶし》か山伏かわからない連中ばかりだ。

　細川《ほそかわ》家だけは別だといっても、あれもせいぜい足利の一族だというだけであって、それまでの伝統的指導者というのは全部、ここで力を失った。

　後になると、信長のように「桓武《かんむ》天皇の末」なんて言いだす者があらわれますが、あんなのは嘘《うそ》で、尾張の織田ノ庄の庄官――庄官というのは下司、いわゆるげすですけれども、いちばん下の管理人です。そこからのしあがってきた人間だろう。

簡単に言いますと、応仁の乱で守護大名のボスたちは京都でチャンバラをやっている。その家臣たちが、守護大名の地盤でそれぞれ相手の地盤を侵しあうという形になっておりまして、さんざん戦争して国へ帰ったときには、もう実権を失っているという形でみんな除かれていってしまう。

日本におけるリーダーが完全に交代してしまうのは、応仁の乱の時です。だからあれ以前の日本というのは、今の日本と全然違うと考えたほうがいい。

ですから、以後の日本の秩序というのは、応仁の乱の混乱が出発点になって、その混乱をどう秩序立てるかという形で秩序がつくられていったんだから、そこからを日本と考えたほうがいい。

内藤湖南は、以上のように言っておりますけれども、これは非常に卓見であると、私は考えているのであります。

戦国末期には、いわゆるキリシタン時代というのが約九十年間あります。

これもたいへん日本人にショックでしたが、不干斎《ふかんさい》ファビアン（注：日本人イエズス会士）というキリシタンの伝道者などは、最初はこの乱世にいかにしたら秩序が立てられるか、という発想なんです。ですから、キリシタンを入れたらうまくいくんじゃないか。

あの当時のいろんな思想家と申しますか、ものを考えたり、書いたりした人間というのはみんな、秩序の学をどこに求めるか、ということになるわけです。

徳川時代はインテリの初等教科書

徳川時代になると、儒学ということになります。儒学は本当は「五経」どおりにやらねばならないわけですけれども、『論語』というのが民衆にまで浸透してくるのがこの時代で、「論語読みの論語知らず」という言葉は元禄《げんろく》時代にすでにあります。

これはつまり、多くの人がすでに『論語』を読んでいるということであり、同時に『論語』というのは、だいたいこういうことを書いてあるんだろうというのは社会の常識になっていて、あいつは『論語』を盛んに引用するけれどもちっともそのとおりにやっていないという批評が、なんとなく世の中に通用する時代でないと、こういうことわざは出てこない。

徳川時代には確かに『論語』というのは非常によく読まれたのであります。インテリの初等教科書と申しますか、なにしろ学習はこれから始めて、だいたい『論語』四百九十九章句をやると終わってしまう。

それから先にいくのは専門家であって、一般の人間はここまでというのが普通です。ですから、論語的なものの考えとか、論語的な規範《きはん》というのは、日本人に非常に深く浸透している。

いろんな日本人の基本というのは、一三世紀から一四世紀に一応の基礎ができてきまして、それが徐々に浸透して現在に至っていると考えていいんではないかと思いますが、ヨーロッパでもそうです。

トマス・アクィナス（注：イタリアの神学者）が出てくるのは一三世紀のはじめです。おもしろいことに中国の朱子が一二〇〇年に死んでいる。現代において文明国といわれる国の一つの転換期というのは、一三世紀頃にあるわけです。

日本の場合、だいたい『論語』と、もう一つ「貞永式目《じょうえいしきもく》」で始まっている、こう考えていいと思います。

渋沢栄一の『論語講義』

明治になりますと、今までのカリキュラムというのは全部捨てられるわけですけれども、不思議にそのとき『論語』だけ残る。

朱子の『近思録《きんしろく》』なんていうのは、それまで、これを読まざるはインテリにあらずだったのですけれども、もう誰も読まない。

それから『資治通鑑《しじつがん》』（注：儒学者の司馬光《しばこう》が編纂した歴史書）と『通鑑綱目《つがんこうもく》』（注：朱子の撰といわれる史書）というのも、これを読まなければ学者にあらずだったわけで、吉田松陰《よしだしょういん》なんかもお兄さんへの手紙に、これからは『通鑑綱目』を読んで学者のような顔をしている時代じゃないというようなことを書いていますから、徳川時代というのは、そこまで読むと学者であった。しかし、こういうものは全部きれいさっぱり捨ててしまう。

おそらく今は、『資治通鑑』なんて言うと、そんな本があるのか、という顔をされるだろうと思いますし、朱子の『近思録』というのも、どう書くのかもわからなくなっているだろうと思います。

これくらい明治というのは大きな変化をしていますが、『論語』だけはそれを乗り越えて読まれた。『論語』の出版部数を調べていきますと、まことに驚くべきものがあります。

明治書院で出している新釈漢文大系を見ますと、版を次々に重ねているのは、皮肉なことに『論語』で、『大学』も『中庸』もほかのものも全部出てはいますけれども、桁《けた》はずれに売れるのは『論語』なんです。

戦後にまた大きく転換があったはずなんですけれども、やはり『論語』だけは読まれる。これはまことに不思議なんですが、それだけ日本人のものの考え方の基本というのをつくりあげた。だから読んでいてなるほどと思える面が、少なくとも日本人には多いからだろうと思います。

『論語』のたいへんおもしろい特徴は、いろんな注解がいっぱいあるということで、学者の注解もありますし、戦後の新しい注解もありますし、徳川時代でも注解があります。しかし同時に、俗解というのが絶えず出てくるということなんです。

正規な学問的な注解というよりも、自分は『論語』をこう読んで、こういう印象を持って、生涯のある時期にこの論語の句によってこういう決断をしたというようなことを、誰かの注解と同時に記《しる》すという、これは俗に俗解と言っています。

戦前ですと、矢野恒太《やのつねた》さん（注：生命保険業界の基礎を築いた実業家）の『ポケット論語』というのがあります。これは朱子の論語集解（注：『朱熹集註《しゅきしっちゅう》』）に同時に自分の感想をくっつけるという形になっています。

大正ですと、渋沢栄一の『論語講義』という実に膨大なものがありまして、たしか八十五ぐらいのときに口述筆記でつくられたものです。

長らく絶版になっておりましたが、私もちょっと読んでみたいので、講談社に学術文庫で出せ出せといって、全部で七巻、出ましたが、明治の人間というのは『論語』からどういう影響を受けてどのようにしたのかということがたいへんによくわかる、おもしろい本です。

徳川時代にもありますし、戦前にも、現代にもありますが、ある意味では『論語』を読むときには、みんな自分で俗解をつくりながら読んでいくというような本でして、四百九十九章句で少しも体系的になっておりませんから、それなりにどう読んでいってもいい、という点があります。悪く言うと、これは随筆のようなものですから、日本人にとってはたいへんに読みやすい。どうも朱子学みたいな体系的なものは、我々日本人は元来、嫌いです。『論語』にはもっとプラグマティックな点があるんだろうと思いますが、読んでなるほどと思って、すぐ何かに役に立たないと気分が悪い。そうじゃないものは全部、空理空論のように見えるというところが日本人にはあるんだろうと思いますが、『論語』は、そういう点、まことに日本人にとって身近な本だったわけです。

超プラグマティックな思考

孔子学園の教育書

今、若い人は『論語』というのはこんなおもしろい本だといっても、なかなか読まないわけです。読まれないのは何であるかといいますと、これは聖書の場合もそうなんですけれども、実は、現代的な合理的な編集というのをしてないということです。

古典は、現代人が読む場合、『論語』だけでなくて『孟子』でも『旧・新約聖書』でもそうですけれども、今の人間が編集するような編集の仕方はしていない。

これにはいろんな理由がありますが、おそらく『論語』の場合は竹簡《ちくかん》（注：竹でできた札）何枚という形で記されたのではないか。つまり、紙がありませんから、竹の板に漆《うるし》で書く、それを皮ひもでつなぐ。それが一定の幅になると、それを一巻という形でただ分けていっただけじゃないのか。

『旧約聖書』もそうです。「サムエル記上下」とか「列王記上下」なんてありますが、上下というのは何の意味もないんです。ただ、パピルスの巻き物で書いていくと一巻になっちゃう、そこが一巻なんで、物理的な理由だけで何巻、何巻というのはできてしまう。

『論語』の場合もおそらくそうで、何々編、何々編というのは、そんな深い意味はないのです。竹簡がこれだけだったら、ここで一巻――。

『論語』という書名は誰がつけたかというのは、今でもいろんな説があるんですけれども、よくわからない。よくわからないのは当然で、昔は書名というのがないんです。

　元来、書名はないんです。それから章名もないんです。「第一章学而《がくじ》篇」なんて書いてあります。それは最初の二つの漢字をただ書いているだけです。「子路《しろ》第十三篇」というのも、はじめに子路という言葉が出てくるからそうなるだけで、ほかになんら理由がない。今で言うような表題とは意味が違ってくる。古い本というのはみんなそうなんです。

　表題なんていうのはないのが普通で、最初の一単語か二単語を書くというのは、おもしろいことに『論語』だけではなく『旧約聖書』もそうなので、今は「創世記」とか「出エジプト記」なんて言っていますけれども、あんなのはヘブライ語写本には何もないんです。

　最初の一単語もしくは二単語だけがそのまま書名になっている。「創世記」というのは、ベレシートと言いますけれども、はじめにという意味です。インザビギニングです。それから「出エジプト記」というのは、ウェレーシェモートと言うんですが、「そしてこのようなことになった」というような意味です。

長らく続いてきてこのようになったと、最初の単語がそうで、それをとっているだけです。ベミドバルというのは「民数記」ですが、みんな最初の一単語もしくは二単語とるだけで、書名というのはありません。『論語』の場合もそうで、書名、章名というのは元来ないわけです。

聖書の場合、後でギリシャ語訳になってからいろいろ書名がつきます。『論語』は今でも、「章名」はありません。

ですから、この編集方針というのは、今から見ると基準がないのです。基準がないからよくわからないけれども、私自身どうやって読むか考えましたときに、『論語』は広い意味で教育書だ。確かに一つの教育書に入るわけでして、いわゆる孔子学園において弟子を教える教育書であります。

教えた弟子を彼は就職するところまで世話していたという、まことに今の日本とよく似ているわけですが、教育書のような形で配置し直してみようと思って自分で配置し直してみたわけです。

四百九十九章句をいろんな形で置きかえてみる。やった作業はそれだけなんですが、私がそんなことをやっておりましたら、それを聞いた出版社がおもしろがって、そういう形で『論語』を出してくれないか、ということになって、あの『論語の読み方』という本が出たわけでして、それはまあ、そういう一つの結果です。

孔子が語る自分の生き方から始める

まず『論語』というのは、本を開けますと、いろいろ中に書かれていますけれども、目次をたてるとどうなるかというと、最初、孔子の自伝的要素というのがずいぶんあるわけです。あるいは自分の生き方を語ったところ、まずそれらを抜きだしてみた。『論語』というのは、孔子が書いたところもあるし、弟子が書いたところもありますし、孫弟子が書いたところもあるわけですが、孔子について書かれているいろんな自伝的要素を最初に取りあげました。

次に、孔子自体が学校を経営していたわけですから、これを一応、孔子学園と考えますと、とても入学させられない、私にはとても教育ができないと思って、孔子が入学試験で落としたのはどういうタイプか、こういうのを挙げてみました。

次に、孔子の教育論、いちばん基本というのは何なのか、そこから始めまして、初等教育、中等教育、それから生涯教育、そういうふうに分けてみたわけです。

こう分けてしまっていいのかということは、いろいろ問題はあるだろうと思いますが、一応こうみますと、なるほどこういうことが中に書いてあるのかと、誰が読んでも、順序立てて一応『論語』の書いてあることがわかる。わかったら次に本物の『論語』を読めばいいじゃないか、そういうふうに考えてつくったのが、あの『論語の読み方』でありまして、『論語』を今のように編集し直しただけで、それ以上のことは何もしていないと言っていいと思います。

教育万能主義

孔子の大きな特徴というのは、『論語』の中の有名ないちばん短い言葉ですけれども、次の四文字です。

有教無類〔教《おし》え有《あ》りて類《るい》無《な》し〕（「衛霊公《えいれいこう》第十五」417）

人間というのは、教育によってどうにでもなるものであって、生まれながらに類別があるわけではない、こういう教育万能主義みたいなものが孔子にあるわけです。

これは日本人に非常に強いんですね。戦後、それがいい面にも――物事にはすべて両面がありますから――悪い面にも出てくるんですけれども、これが徳川時代などにも非常に強く作用し、これは徳治《とくち》（注：徳をもって人民を治める）という言葉の基本になるんだろうと思うんですが、世の中を治めるのは政治でなくて、むしろ教育である。だから、私、これを「教治」と呼んでいるんですね。

教えて治める。教えて治に至る。これは新井《あらい》白石《はくせき》（注：『西洋紀聞』の著作などで有名な江戸時代中期の政治家・儒者）が言った言葉ですけれども、これは明らかに『論語』なんかの考え方で、いわゆる法によって世の中を治めるのではないんだと。治というのは社会を治めるのですけれども、法治じゃなくて教治だ、こういう言い方を白石はしております。

これは確かに日本人に非常に強く出ている考え方で、教えて治に至るのであって、法律を厳格にしても意味はない。そのかわり、教育を絶対視する、世の中に何かうまくいかないことがあると全部教育が悪いんだと、最後には教育のせいになる。

今、世の中がこんなにうまくいかないのは法律が悪いんだとは誰も言わないんで、法律なんていうのははじめからどうでもいいことらしいんで、すべて教育が悪い。

『論語』の教えというのはほんとうに日本人に浸透しておりますから、『論語』を読んだことがない人でも「有教無類」なんです。教育によって人間はどうにでもなるものだ、だから高い教育を受けたい、受ける権利がある、受けるのが当たり前だ。同時に、落ちこぼれというのはあっちゃならない。

こういうのは全部、民主主義とは関係なく論語的発想なんです。こういう点、ヨーロッパ人と非常に違うわけです。

ですから、徳川時代になると、いかなる人間にも教えなくちゃいけないという発想が出てくる。松平定信《まつだいらさだのぶ》（注：寛政の改革を主導した老中）などというのは、佃島《つくだじま》の人足寄せ場で、中沢道二《なかざわどうに》という石門心学《せきもんしんがく》（注：石田梅岩を開祖とする実践的道徳教）の心学者を呼んできて講義をさせるわけですね。

これは、ヨーロッパ人なんかには考えられないことでして、人足寄せ場というのは、簡単に言いますと渡世人《とせいにん》を集めるところです。

徳川時代、渡世人という言葉は、一種の罪人なんです。みんな、いる場所とやる仕事が決まっている社会ですから、世の中をフラフラ歩いているものは、みんなひっつかまえていいわけです。ヒッピーみたいなものですけれども、それを集めたところが人足寄せ場で、そこで教育をさせる。

これはたいへんおもしろいのですが、教育すればどうにでもなる。社会構成原理は教育によってのみできるみたいな、こういう発想があるわけです。

『礼記』にある原則は棚上げ

これは中国にもあって、後に科挙という制度になるわけです。この試験に受かった者は士《し》大夫《たいふ》（注：高級官僚）となって統治者階級になる。受からなかった者は被統治者階級である。いわゆる社会の階層構成原理を、一に教育、ないしそれに基づく試験に求めるというのは中国の伝統ですから、日本がその伝統をちょっと変型をした形で受け入れた。

中国の場合、庶民は一切統治には関係ないんです。これは中国人の非常におもしろいところであって、庶民は宗教も自由なんです。はじめから問題にしていない。

これは新井白石と潜入宣教師のシドッティとの問答が『西洋紀聞』に出てきますけれども、中国はちゃんとキリシタンの布教を許している、同じ東アジアの国で日本だけがなぜ許さないのかと、こんなことが言われております。

儒学どおりにやらなくちゃならないのは士大夫以上の統治者階級であって、それ以下の人間は、道教であろうと、仏教であろうと、キリスト教であろうと、イスラム教であろうと、一向に構わないというのが中国人の考え方です。そのかわり、この連中は法律で統治する。だから、「礼は庶人《しょじん》に下《くだ》らず刑は士大夫に上《のぼ》らず」。こういうきちんとした原則が『礼記《らいき》』の「曲礼」にありまして、士大夫というのは、孔子の言っている礼という秩序を守っているから法律の対象にならない。庶民はそうじゃないから法律の対象になる。だから、刑は士大夫に上らずなんです。

それから、礼は庶人に下らずで、礼は庶民には関係ないんです。ところが、日本というのは『論語』だけでやっておりますから、『礼記』に出ているほうは全部棚上げにして、全員が士大夫みたいな気持ちにならないといけない。

だから、あの人は君子だなんて言いますが、向こうは君子というのは立派な官僚を言うわけで、聖人君子というのは、理想的政治状態を現出する基本を言うのですから、皇帝のことを聖人と呼ぶわけです。

誤解、誤読から新しい日本文化

『資治通鑑』なんかでは全部聖人と呼んでいます。皇帝が聖人であって、官僚が全部君子であれば、人民は救済される。中国人は政治的救済絶対主義ですから。

そこから出てくる言葉なんですけれども、日本で君子と言った場合、ちっともそういう意味はないのです。あの人は君子だからと言うのは、官僚とは関係ないんであって、日本に来ると全然別な意味になってくる。

しかし、これは必ずしも日本人が誤解をしたとは言えないんで、孔子の時代はそういう中国的概念があとの時代ほどはっきりしていません。

君子と言った場合、統治者階級を意味して、小人と言った場合、統治されるものを意味するとか、それはある程度あるんですけれども、科挙の試験というのがちゃんとできた、いわゆる中国的体制が整った以降ほどは、その区別というのがはっきりはしていません。

ただ中国人のように君子と小人という分け方を、統治者階級と被統治者階級というふうには、日本人は全然考えていないんですね。

「女子と小人は養いがたし」なんて言うと、みんな、女、子どもは話せないやつだととってしまうんです。けれども、女子と小人というのは、君子と淑女に対応する言葉で、孔子にとってはそういう意味はない。ですから、全部誤解して、全部誤読しているといえば、そのとおりなんでしょうけれども、これはこれで一つの新しい俗解、日本人なりの解釈で自分たちの規範をつくりあげていった。

これはある意味で『論語』をもとにする新しい文化の創造のようなことでして、こういう一つの古典が別な国に行った場合、しばしば起こす現象です。

『聖書』の場合もそうなんで、ユダヤ人に言わせれば、キリスト教徒なんていうのは『聖書』を全部誤読しているということになるんだろうと思うんですけれども、それは別な文化を一つつくりあげた。同じように『論語』が日本文化というものをつくりあげています。

生まれながらの人間は大差ない

このいちばん基本になっているのは教育が絶対である、人は教育によってどうにでもなる。

だから、生まれながらの人間というのは、みんな似たようなものだ、ということ。

もちろん孔子はたいへんなリアリストですから、人間は全部同じだとは決して言ってないんです。ただ「性相《せいあい》近し、習相《ならいあい》遠し」人間の本性というのはそんなに違ったものじゃない、天性（注：先天的性質）はだいたい同じものだ。ただ習うことによって善悪、賢愚の差が大きくなる。一にこれは学習の問題だ、だから個人差を全然認めないわけではない。ある程度あるけれども、それをもっと大きくしてしまうのは、教育ないしは教育的環境である。だからすべての人間は教育を受ける権利がある。

これは『論語』にはっきりあるんで、いわゆる束脩《そくしゅう》というのは、わずかな月謝――入学料といいますか、束脩を持ってきた者で私が教えなかったということは一度もない。誰が来ても教える。

ちゃんと翻訳しましたら、こういう言葉は差別用語で使ってはいけませんといわれて、訳がちゃんとしてないところがあるんですが、次のような言葉があります。

互郷与《とも》に言い難《がた》し。童子《どうじ》見《まみ》ゆ。門人惑《まど》う。子曰く、其《そ》の進むに与《くみ》するなり。其の退《しりぞ》くに与《くみ》せざるなり。唯《ただ》何ぞ甚《はなは》だしきや。人己《おのれ》を潔《きよ》くして以て進まば、其の潔《きよ》きに与せん。其の往《おう》を保《ほ》せざるなり。（「述而《じゅつじ》第七」28）

「互郷与に言い難し」というのは、今でいう被差別部落があった。そこを通ったときに一人の子どもが孔子に会って教えを乞いたいといった。

弟子がその取り扱いに非常に困ってしまうわけです。差別されている部落の人なので、孔子に何も言わなかった。

孔子がそのときに、その子は自分が進歩しようと思ってきたんだ、自分はそういう者にはあくまでも協力する。しかし退歩する者には協力しない。わざわざ来たのに取りつがないとは非常にいけない。自分が身を清くして向上を志す志があるならば、今までどういう境遇にいたとか、何をしていたとか、そういうことを確認する必要は一切ない、と言っているんです。

だから、何人《なんぴと》であれ、教育を望んできた者には絶対拒否をしてはならないと、これも日本人に非常に強くある考え方です。

天才と下愚は困る

じゃあ人間というのは生まれながらにして本当に無差別かというと、そうではないんで、基本的には「性相近し、習相遠し」ですけれども、学習の仕方において、孔子はこれを四段階に分けているわけです。

これを後で、生知《せいち》、学知、困知、下愚《かぐ》と四つに分けているのです。これは儒教が分けたわけです。

「生知」というのは、生まれながらに知る。

「学知」は、学んで知る。

「困知」は、困難にあってはじめて知る。

「下愚」というのは、そうなっても学ぼうとしない者。

生まれながらにしてこれを知る者は上《じょう》なり。学びてこれを知る者は次《つぎ》なり。困《くる》しみてこれを学ぶはまたその次なり。困しみて学ばざるは、民これを下《げ》となすと。(「季氏《きし》第十六」429)

これはいわば「生知」「学知」「困知」「下愚」とこう分けたわけです。それと同時に、自分が絶対教育できない者は、天才と下愚であると言っています。

「上知《じょうち》と下愚とは移らず」(「陽貨《ようか》第十七」437)という言葉も出てきます。

これを宮崎市定《みやざきいちさだ》先生(注:東洋史学者)が、「天才はどんな壁をも突き破ってその天才を発揮し、馬鹿にはつける薬がない」と訳されているんですが、これはたいへんおもしろい訳なんです。

「馬鹿にはつける薬がない」というとたいへんおもしろいんですけど、「下愚」というのは、おろかという意味よりも、学ぶ意志がない者。これはもう自分には方法がない。

これはヨーロッパにもあります。馬を水際まで連れていくことはできるが、水を飲ますことはできない。同時に、天才というのは学校で教育できない。しばしば天才というのは、学校へ行くと最劣等生に扱われているわけですけれども、だから天才と、それから学ぶ意志がはじめから全然ない者、これは自分には教育できない。その人間は入学お断り。

天才教育をやる気は孔子は全然ないのです。ですから元来、学ぶ意志があれば、誰でもよろしい。しかし天才と下愚とは困る。

孔子がいちばん嫌うタイプ

じゃあ、下愚というのは何を言ったのか。自分が絶対こういう人間はお断りだというのはどういうタイプか。

こういうタイプだろうというのは、読んでいてこっちが想像するわけですけれども、孔子が人をなぐったという記録がたった一ヵ所『論語』にあります。

これはよくあることで、『聖書』にもありますが、「注解者の十字架」という言葉があるくらい、そこの注解というのはみんな困るわけです。

聖人が人をぶんなぐったなんていうと、はなはだイメージがこわれるので、みんなここのところ困るんですけれども、
原壌夷《げんじょうあぐら》して俟《ま》つ。子曰《いわ》く、幼《よう》にして孫弟《そんてい》ならず。長じて述《の》ぶる〔怵《おそ》るる〕ところなく、老いて死せず。これを賊《ぞく》と為《な》す、と。杖を以《もっ》て其《そ》の脛《すね》を叩く。（「憲問第十四」378）

この言葉があるんです。昔からこれをたいへんものやわらかく言い直しました。荻生徂徠《おぎゅうそらい》（注：江戸時代中期の儒学者）が「杖ヲ以テ脛ヲ叩クハ、亦《また》以テ戯《たわむれ》ニ之《これ》ヲ行《おこな》フノミ」とかなんとか、ちょんちょんと杖で突ついただけで、叩いたんじゃないんだ、みんなこういう言い方をしておりますが、「老いて死なず」は、老いぼれてまだ死なないのかというずいぶんひどい言い方なので、だから、本当に杖で脛をひっぱたいたんだろうと思います。

なぜかと言いますと、原壌という人間は、孔子に来てくれと言って、待っていたわけです。孔子のほうは非常に礼儀正しい人ですから、きちんと礼儀正しく出かけていったら、「夷《あぐら》して俟つ」。あぐらというのは、日本で言うと、むしろしゃがむというかっこうです。しゃがんで知らんぷりして待っていた。そこで孔子は原壌というのは「幼にして孫弟なら

ず」、幼いときから上長を敬《うやま》わず、長じても世の中に対して遠慮会釈することを知らない、老いぼれても死ぬのを忘れている、この穀《ごく》つぶしめという言い方になるんですが、『礼記』によりますと彼は、母親が死んだときに、中国の棺は二重になっておりますから、その外側の棺を木でたたいて歌をうたったという話があるので、おそらくそういうことが理由じゃないか。

すなわち、正当に学ぼうということは一切いやだし、努力するのはいやだけれども、何か人のやらない奇矯《ききょう》な振る舞いをして、世の中の注意をひきたいという人間ですね。

葬式のときにお棺をたたいて歌をうたう、これは日本でやっても非常識なことですが、中国ではなおさらで、そうやることで世の中の注意をひこう、こういったように自己顕示欲だけで、地道に学ぶという気がない人間、これは孔子がいちばん嫌ったタイプです。

そういうのは遠慮なく、早く死んじまえというようなことを言って、杖で脛をひっぱたいているわけですが、こういうタイプが絶対入学お断りなのです。

「友だちが悪い」式発想

一体なぜこういう人間ができると思ったか。これに対して、孔子は、教育的環境によるという考え方をしています。

これも非常に日本人に強い考え方ですね。友だちが悪かったからだ、うちの子はちっとも悪くない、必ずこういうことを言うんですが、これはこの前、「秋田魁《さきがけ》新報」に出ていました。今の母親はどうかしているんじゃないかと。

ああいうのを読むと『論語』の問題点が出てきたんじゃないかと思うんですが、万引きに誘われて行ったんです。誘ったほうは万引きしなかった。誘われて行ったほうが万引きをして捕まった。そうしたらその母親が警察へどなりこんでいって、うちの子は誘われただけだ、誘ったやつが悪いのに、なぜ誘ったやつを捕まえないのかと言って怒ったというんです。

警察にしてみれば、誘ったと言われても、誘ったほうは現に万引きも何もしてないわけです。その場合、これに対してどうすることもできない。法は行為のみが対象ですから。

しかし、母親はガンとして承知しない。一体、今の母親はどうなっているのかなんて出ていましたけれど、そういう場合、誰に誘われようと、自分で判断をして自分が行動したら、その人間の責任であるという考え方よりも、むしろ友だちが悪い、誘ったほうが悪い、こういう発想が先に出るわけです。

これは日本人には非常に強く、何かあると、友だちが悪かったからだと、みんな友だちのせいになる。悪友二人おってお互いに友だちが悪かったんだと言っていれば、どっちも免責になっちゃうわけですけれども、こういうのもちょっと『論語』からきているんじゃないか。

いわゆる「益者三友、損者三友」とか「益者三楽、損者三楽」とかこういった言葉がありまして、有益な友だちというのは三種類ある。非常に損害をかける友だちというのは三種類ある。有益な友だちというのは、

直《ちょく》を友とし、諒《りょう》を友とし、多聞《たぶん》を友とするは益なり、便辟《べんぺき》を友とし、善柔《ぜんじゅう》を友とし、便佞《べんねい》を友とするは損なり。（「季氏第十六」424）

こういう言い方があります。

率直で正直な友、誠実で表裏なき友、博学多識な友は有益な友。体裁屋で実のない友、にこにこして人あたりのよいのは信実でない友、口先だけが達者な者は損をかける友にある。だから、益者三友、損者三友というのがあって、益者三友と一緒に益者三楽、損者三友と一緒に損者三楽をやっていると、その人間はこういうふうになってしまう。

益者三楽、損者三楽あり。礼楽《れいがく》を節することを楽しみ、人の善を道《い》うことを楽しみ、賢友多からんことを楽しむは益なり。驕楽《きょうらく》を楽しみ、佚遊《いつゆう》を楽しみ、宴楽《えんらく》を楽しむは損なり。（「季氏第十六」425）

有益な楽しみが三つ、損をうける楽しみが三つある。礼儀にかなった行動をし、適度に音楽を楽しみ、他人の善意義行を話すことを楽しみ、賢い友人を増やすことを楽しむ。これが有益な楽しみの三つである。富をたのんで驕《おご》り楽しみ、安逸遊惰《あんいつゆうだ》に耽《ふけ》ることを楽しみ、酒色に耽って楽しむのは損である。

こういう環境に置かれて、こういう友がいると、その人間はだめになってしまう。だから教育は同時に環境から始まる。これが「性相近し、習相遠し」原則的に言うとそれであって、その実例としてこういう例が挙げてあるわけです。

俗世界に徹する

同時に、人間は、学問というのはあくまでも身近なことから始めなければならない。これはいいか悪いかは非常に問題なんですけれども、いきなり宇宙とは何ぞやということから絶対始めてはいけないのでして、まず自分のすぐ近くのことから始める。

博《ひろ》く学びて篤《あつ》く志《こころざ》し、切《せつ》に問いて近くを思う。仁《じん》その中《うち》に在《あ》り。(「子張《しちょう》第十九」477)

朱子の『近思録』というのは、これからとっているわけです。「博学・篤志・切問・近思」というのは学問の方法論で、博く学んで篤く志して、切に問うて近くを思う。これが孔子の学問するためのいちばん基本的なこと。ですから、自分のすぐ身近なことから学んでいけ。これは儒教のものの考え方の基本です。

いちばん近くからやって順々に遠くへ行け。いきなり空想的に、社会はどうなっているとか、世界はどうなっているとか、宇宙はどうなっている、こういうことを考えてもしようがない。それから、

道に聴《き》きて塗《みち》に説《と》くは、徳をこれ棄《す》つるなり。（「陽貨第十七」448）

聴いたことというのは、すぐ人にしゃべっちゃいけない。ずっと自分の心の中に温《あたた》めていて、それが身につくようにしなくちゃいけない。それを知っているというのじゃいけないので、身について実行できるようにならなくちゃいけない。

孔子の学問というのは、考え方が非常にプラグマティックであって、常にそうなのです。同時にそれが何か社会に役立つものでなければいけない。ですから、どっかへ引退しちゃって一生家を離れてものを研究してなんてことは、孔子は絶対評価しません。

これにもプラスの面とマイナスの面とが出てくると思いますが、いわば世の中に出て何かをやる実学ではあっても、決して隠遁者《いんとんしゃ》の神学じゃないと、私はよく言うんです。『論語』の特徴として、僧院に隠遁して一生何かを沈思黙考している、こういうこととは一切関係ない。孔子自身もはっきり、それは自分は一切考えていないと言っている。

自分の学問というのは、世の中に出てすぐ社会的に役に立つものであり、それ以外は価値を認めない。この点を、私は「世俗の聖人」といっているんですが、あくまでも俗世界の人で、決して俗世界から離れて悟りの境地に達するとか、あるいはどこかにこもるとか、ということは一生涯考えていませんでした。

彼自身、一生懸命死ぬまで就職運動をやっていた人ですから、悟ったみたいな境地に達するという発想は一切嫌うわけです。

学問すれば月給がついてくる

同時に、学問したというのはどういうことかというと、孔子の場合、次のような考え方です。

賢々《けんけん》たるかな易《とかげ》の色や（注：状況に応じて身の色を変える蜥蜴《とかげ》の例を用いた文章。宮崎市定の説)、とあり。父母に事《つか》えては能くその力を竭《つく》し、君《きみ》に事えては能くその身を致し、朋友と交わり、言いて信あらば、未だ学ばずと曰《い》うといえども、われは必ず之《これ》を学びたりといわん。
(「学而第一《がくじ》」7)

これはたいへん孔子のおもしろい言葉で、儒教の非常に大きな特徴として、吉田賢抗《よしだけんこう》先生(注:漢文学者)も、それから宮崎市定先生も、みんなこれを挙げるのですが、孔子というのは完全な社会をつくるのが目的であって、何も学ばなくても完全な社会人であったならば、その人に学歴がなくても「われ之《これ》すでに学びたりといわん」、そういう人は学問がある人間だと私は言う、と言っているわけです。

ですから、今申しましたように、孔子の教育方針の基本というのは、あくまでも社会人養成、悪く言うと、当時の官僚養成みたいになってしまうのです。

そういう教育方法ですから、学んだらもちろん社会に出て働く、すなわち就職するのは孔子にとって当たり前のことなんです。

学んで隠遁しちゃうなんていうのは、孔子の考えでは逆にばかな話であって、学んだら学んだことは社会に役立てなきゃいけない。

しかし、学ぶということは、食うために学んじゃいけない。ですから、おのずからそれが自分の月給になるようにしなくちゃいけない。

学べば禄《ろく》その中《うち》にあり。君子は道を憂《うれ》えて貧を憂えず。（「衛霊公第十五」410）

これは有名な言葉ですけれども、「学べば禄その中にあり」というのは、日本人が、昔からよく覚えていた言葉です。

学べば必ずその中《なか》に月給があるんだと。なんとかという相撲取りまでこれを言って、おまえは土俵の中に金があると思え、あそこの中で相手を倒せばそれが自分の禄になると思って練習しろと、こう言ったというのです。

たいへんおもしろいことには、平安時代、すでに日本人はこの言葉だけは覚えて「これだけ学んだのにまだ国司（注：中央から派遣された行政官）になれない」なんて、こういう文句が出てくるんですね。学べばちゃんと月給はついてくるものだ。

耕しても飢える結果になることがあるが、学問すれば自動的に月給が得られるようになる。孔子はそう保証しているわけですから、月給があって当たり前なんです。ところがそう言うと、すぐみんな就職したがる。今も昔も同じなんで、三年学んで就職をあせらない人間は珍しいと、一方では言っています。

三年学びて、穀に至らざるは、得易《えやす》からざるなり。（「泰伯《たいはく》第八」196）

学問する者は学問するということがあくまで仕事なんだから、

百工《ひゃっこう》は肆《し》に居て以てその事を成《な》し、君子は学びて以てその道を致す。（「子張第十九」478）

職人というのは、工場にいてその仕事をなすのが仕事だ。君子というのは、学んでその道に至るのがその仕事だ。だから、君子というのは、あくまでもそれに徹すべきだ。孔子はこう言っています。じゃ一体どうやって学ぶかといえば、

下学して上達す。（「憲問第十四」369）

下から学んで上に達する、方法はそれだけだ。

これが孔子の教育の序論みたいなものです。こういうような教育哲学といいますか、教育思想を持っていました。

孔子から見ると日本社会は残虐

孔子は四角四面ではない

ただ、儒教というと、昔から、「礼儀三百、威儀《いぎ》（注：作法にかなった立ち居振る舞い）三千」などというように、非常に堅苦しいもの、徳川時代に「三尺下がって師の影を踏まず」なんていわれて、たいへんコチコチなものと思われがちなんです。

吉川幸次郎《よしかわこうじろう》先生（注：中国文学者）が、「三尺下がって師の影を踏まず」というのはどこにあるんだろうと思って、あらゆる文献を三十年探したけれどもないというんですね。あれはむしろ禅宗の坊さんからきたんじゃないかというんです。

禅宗の坊さんのところに行って、吉川幸次郎先生がこういうことを言っているけれども、ありますか、と言ったら、禅にそういう言葉は絶対ないというんですね。

一体いつごろ誰がつくったのか。吉川先生が三十年探してないんだから、中国のほうの文献には「三尺下がって師の影を踏まず」という言葉はどこにもないらしいんです。誰か日本人がつくったんですね、あれは。

そう言われて『論語』を見ると非常におもしろい。むしろサロンみたいでして、みんな勝手なことをやりながら孔子の話を聞いている。

弟子たちにそれぞれ希望を述べさせるというところがありますが、そういうときに一人は知らんふりして琴を弾いているんです。おまえの番だよと言われると、ことんと琴を置いて、それから答える。

こういうたいへんに自由な雰囲気だったらしい。これは吉川先生が書いていますけれども、決して「三尺下がって師の影を踏まず」というコチコチのものではなかったらしいんです。

徳川時代に武家の倫理と儒教とがくっついてああいう形になったんじゃないか。私は、山崎闇斎《やまざきあんさい》（注：江戸時代前期の儒学者）ぐらいからあれがひどくなったんじゃないかと思うんです。

当時の人間は、山崎闇斎の崎をとって崎門学《きもんがく》と言いますが、「崎門学は窮屈学なり」なんて悪口言っていますから、ものすごく窮屈だったけれど、孔子自身は非常にゆったりした人で、そんなに四角四面の人間ではない。

それから孔子の場合、あくまでも人間教育という形になりますので、決して一律一体のカリキュラムがあるわけじゃない。ある人間が質問したらそれでいい、同じ質問を次の人間がすると、それはいけないというので、弟子が「なぜです」と聞いています。こういう例はずいぶんあるわけです。

相手によって言うことが全部違う

たとえば子路《しろ》。子路というのは弟子頭で、いちばん孔子の門下でおもしろい人間で、直情径行、思ったらすぐやるというほうなんですけれども、子路が「聞いて納得したら即時実行したらいいでしょうか」と孔子に問うと、「父兄がいる、その意志も尊重しなければならぬ。どうして聞いて即時に実行してよいだろうか」と答えた。

ところが冉有《ぜんゆう》が同じことを訊くと、「聞いて納得したら即時実行せよ」と言った。冉有というのは非常にのろまなほうなんです。別の弟子の公西華《こうせいか》が不思議に思って孔子にたずねた。「由《ゆう》（子路）が聞いて納得したら即時実行してよろしいでしょうかとたずねると、先生は、父兄がいるではないかとこれを制止され、求《きゅう》（冉有）が同じことを訊くと、聞いて納得したらすぐおこなえと言われました。私にはこの理由がわかりませんのであえておたずねいたします」

「求は引っこみ思案だから激励したのだ、由はすぐ出しゃばるからこれを牽制《けんせい》したんだ。それだけだよ」こう答えている。

人によって全部言うことが違う。違いますから、ある意味で孔子の『論語』というのを読むときは、孔子の弟子の性格がわかってないと、たえず矛盾《むじゅん》したように聞こえてくる。この『論語の読み方』にも最初に、代表的な弟子の性格というのを書いておいたんですけれども、そういうような教育をした。

「死後」には一切答えない

じゃあ一体、孔子が教育した目的は何かというと、現実に社会の秩序をつくることだ、その秩序を担《にな》っていく人間を養成することだ、それだけなんですね。非常にはっきりしているんです、その点は。

ですから死後どうなるだろうかとか、人間は死んだ後にも生命があるんだろうか、それともなくなっちゃうだろうか、こういう質問をしても、孔子は一切答えないんです。これは非常におもしろいんですが、そういう質問には答えません。

子貢《しこう》という弟子は、孔子の弟子の中でいちばん秀才なんです。あまり秀才を鼻にかけるから、ときどき、秀才というのはだめである、なんて孔子は言っているわけです。

私はどうですかといった子貢の問いに、おまえは器《うつわ》だと言っている。器にすぎないでしょう、器だけれども立派な器だ、こういう言い方になるんですが「君子は器《き》ならず」から出ているんです。

これは秀才を戒《いまし》めている言葉なんですが、その子貢が「死者は知ることありや？」、死んだ人間は知覚があるんでしょうか、来世があるんでしょうか、永遠の生命があるんでしょうか、という質問をするんです。

こういう質問には孔子は絶対答えないんですが、このときの孔子の答え方というのは、

死者知るありと言わんとすれば、将《まさ》に孝子順孫《こうしじゅんそん》、生を妨げて以《もっ》て死を送らんとすることを恐る。死者知るなしと言わんとすれば、将《まさ》に不孝の子その親を棄《す》てて葬《ほうむ》らざらんとすることを恐る。（『孔子家語《こうしけご》』の「観思《かんし》」第八）

死者にも知覚があると言えば、孝行な息子や従順な孫が、早く楽にしてやろうと思って老いたる両親を安楽死させるようになるだろうから、私はそういうことは言わない。もしも死者には知覚がないと言えば、物質にすぎないんだからといって葬らないでその辺に放りだしておくというようなことをするといけないから、私はそういうことは言わない。

そこまでしか答えないので、今度は子路が、一体どっちなんですかと、さらに突っこんで訊くと、

未《いま》だ生を知らず。いずくんぞ死を知らん。（「先進第十一」264）

答えない。（注：子貢の「死者は知ることありや？」から、ここまでは、中嶋敦《なかじまあつし》著『弟子』の一節をかみくだいて引用）

これは非常におもしろいんでして、何かそういうことを考える場合、孔子は決して、宗教というのはよろしいものだとも悪いものだとも書いていないわけですけれども、

怪・力《りょく》・乱・神を語らず。（「述而第七」167）

そういうことは自分は一切語らないというだけであって、自分が語らないから悪いとは言ってないんです。

そういう場合に、常にそういう考え方が社会に対してどういう影響を与えるか、それだけを考えろ、という言い方です。

だから、もしもそういうことを言ったらこうなるだろう、社会にこういう影響がある。だから自分は言わない、こういう言い方しかしない。この点、孔子はほぼ一貫しているわけです。

社会学者的な考え方

そういう発想は全然なかったのかというと、これは非常に問題はあるんですけれども、孔子自身はなんらかそういうことは考えていたかもしれない。天とか、ちょっと形而上学的《けいじじょうがくてき》というか、宗教的というか、そういうことが出てきますから、そういうことが全然なかった人とは考えにくいんですけれど、少なくとも教育の面ではそれが絶対に出てこないということは言えるんです。

この点では、私はよく言うんですが、社会学者みたいな態度なんです。科学じゃないですけども、いわゆる相互関連性というのを非常に尊ぶわけで、こういう思想が社会にきたらそれと連関してどういうことが起こるだろうか、そういう考え方をもっぱらしているわけです。

そのようにして、孔子というのは非常に現実主義者だったんですけれども、現実主義というのは彼の場合、乱世、非常に社会秩序が乱れている社会に、どうやって秩序を立てるか、これは孔子にとっては一生の命題なわけですから、教育ももちろんそれに沿っておこなわれるわけです。

彼にとっては、教育をしているということと、世の中の秩序を立て直すということが、ほぼ並行して、同じになってくるわけです。

彼が社会秩序の基本を何に置いたか、これは日本の社会秩序を考える場合に、非常に問題になってくる点だろうと思います。

政《まつりごと》を為《な》すには徳を以てす。譬《たと》えば北辰《ほくしん》の其所《そのところ》に居りて、衆星《しゅうせい》の之《これ》に共《むか》うが如《ごと》きなり。
（「為政《いせい》第二」17）

これは、あとあとまで中国の政治思想の基本になるわけですけれども、宇宙の秩序はたしかに北辰《ほくしん》、つまり北極星を中心に星が回っている。これは絶対変わらない秩序なわけです。ところが、徳がある者が政治をおこなえば、地上の秩序もそのようになるという。簡単に言いますと、地上には宇宙の秩序が再現されるはずであって、その間をつないでいるのは徳だ、こういう考え方です。

天子に徳があれば天子である。徳がなければ天子ではない。この発想が出てくるのは孟子のときで、孔子のときではないですけれども、「失徳の天子は既に一夫にすぎず」という考えが孟子になるとはっきり出てくるわけです。

湯武放伐論《とうぶほうばつろん》（注：171ページ参照）のところで、殷《いん》の湯王《とうおう》が夏《か》の桀王《けつおう》を討った。それから周《しゅう》の武王《ぶおう》が殷の紂王《ちゅうおう》を討った。放逐したり討伐したりした。

「臣にして君《きみ》を弑《しい》することこれありや」臣が自分の皇帝を殺す、こういうことがありましたかという質問に対して、「これあり」と孟子ははっきり答えているわけです。そういうことをやっていいのか。

仁を賊《そこな》う者これを賊《ぞく》といい、義を賊う者これを残《ざん》という。殷の湯王、周の武王も残賊の一《いっ》夫《ぷ》を誅《ちゅう》するにすぎずと。（『孟子』の「梁恵王《りょうのけいおう》章句」）

徳を失ったら残賊の一夫にすぎないのであって、これは殺しても反逆ではないといっているわけです。

これがいわゆる湯武放伐論という形で、中国の後の政治思想に非常に影響を与えるわけですけれども、日本にももちろん影響は非常に与えているわけです。

「徳治」をめぐって

この基本になっている、徳があればこういうことができるという。徳とは何かと言うと、孔子は、徳とは何か、ということをなかなか定義しない人です。

朱子になると、一生懸命定義します。実に定義は立派にできているんですけれども、さてその定義を読むと、漢字が並んでいるだけで、この漢字の意味は一つ一つどうなんだろうかと、さっぱりわからなくなってきますが、孔子はこういうことも言っています。

無為にして治まる者は、其《そ》れ舜《しゅん》なるか。夫《そ》れ何をか為《な》さんや。己《おのれ》を恭《うやうや》しくして正しく南面するのみ。（「衛霊公第十五」383）

だから舜はいちばん偉大だと言っている。舜というのは理想的な皇帝とされているわけですけれども、何もしなかったというんです。ただ己《おのれ》を恭《うやうや》しくしてきちんと南向いて座っているだけだった。ところが、これがいちばん立派だと言っているんです。

だから、鈴木《すずき》善幸《ぜんこう》首相（注：一九八〇年から約二年間の首相。「和」ばかり重んじ、「決断」しないと評された）なんて、案外立派なのかもしれない。何もしなくても、きちんと南面して座っていると、その人に徳があると、おのずからなる宇宙の秩序というのが地上で体現しまして、それによってまわりの諸星、あらゆる星がそのまわりを回って動いてくれるようにして、社会秩序というのは成り立つ、こういう発想をしているんです。

これがいわゆる「徳治」という形になるのですが、これは日本人に大きな影響を与えたと、私は思います。

朱子の『近思録』には、

徳は、愛するを仁と曰《い》い、宜《よろ》しきを義と曰い、理あるを礼と曰い、通ずるを智と曰い、守るを信と曰う。焉《これ》を性のままにし焉《これ》に安んずる、之《これ》を聖と謂《い》う。焉《これ》に復《かえ》り焉《これ》を執《と》る、之《これ》を賢と謂《い》う。（「道体《どうたい》編」）

こういうふうに定義されていきますと、なんだかよくわからないな、ということになりますが、ここにあるのは人間の本性、いちばん重要な言葉は、

焉を性のままにして焉に安んずる、之《これ》を聖と謂《い》う。

これはだいたい孔子の言っている意味をもう一回敷衍《ふえん》（注：くわしく述べる）しているわけですが、最初の性はたいへん誤用されまして、セックスの意味になっているんです、日本ですと。

ですから、中国の古い本を読んで、その意味にとられると非常に困るんですけれども、人間の本性という意味です。

「性のままにして焉に安んずる、之を聖と謂う」、後でこれを略しまして「性の静によるこれを聖という」、人間が無欲で静かな状態にいる状態を聖という、これが政治のいちばん基本であると、明恵上人《みょうえしょうにん》（注：鎌倉時代前期の僧）なんかも北条泰時《ほうじょうやすとき》（注：鎌倉幕府第三代執権）に、おまえが完全に無欲にならない限り天下の政治というのは理解できないんだと説いているのは、以上のことを言っているわけです。

これは孔子にもあるわけです。そうなると、人間の秩序と宇宙の秩序と一体感が出てくる。こういう発想で、後からいろいろ政治哲学化するのですが、孔子のときには、そんなにめんどうくさいことは言っておりません。

読み違いで事件も

孔子の場合は、なにしろ秩序どおりでなければいけない。

まず、大義とか大義名分という言葉は、戦前ずいぶん使われた言葉ですが、どういう意味で使っていたか。それを使っている人の使っている内容がちょっとおかしいんですけれども、名分論（注：名称と実質の一致を求めて社会秩序を確立しようという儒家の思想）というのは、朱子のときに非常に強く出てきますが、もちろんその基本は孔子にあるわけです。

天下道《みち》有れば、則《すなわ》ち礼楽征伐《れいがくせいばつ》天子より出《い》ず。天下道なければ、則《すなわ》ち礼楽征伐諸侯より出《い》ずれば、蓋《けだ》し十世にして失《うしな》わざるは希《まれ》なり。大夫《たいふ》より出ずれば、五世にして失わざるは希なり。陪臣《ばいしん》国命を執《と》れば、三世にして失わざるは希なり。天下道あれば、則《すなわ》ち政《まつりごと》大夫に在らず。天下道あれば、則ち庶人議《しょじんぎ》せず。（「季氏第十六」422）

こういう言葉が出てくるんです。礼楽征伐というのは、政令および軍事的命令、これは天下に道あれば天下から出る。ちゃんとした正統の支配者から出る。だから、天下に道がなくなると諸侯から勝手に出す。

諸侯が勝手に出せば十代にしてその王朝はつぶれてしまう。ところが、その諸侯も力を失って――これは下剋上ですが――大夫《たいふ》（注：諸侯に仕える小領主）から出すようになったら五世で失ってしまう。

「陪臣国命を執《と》れば、三世にして失わざるは希なり」。これは徳川時代盛んに議論された言葉ですが、孔子がここで言っているのは、秩序どおりにきちんと命令が出なければいけない、と。

たとえば会社なら社長が命令すべきなのに、社長というのは知らんぷりしていて、どっかの部長が実際に社長のようなことをやっているというような状態では、秩序はもっていかない、こういうことを言っているわけです。

そんなことをすると、その王朝は十代続かないと言ったわけなんですけれども、たいへんおかしいんで、徳川時代にそんなことをしたら、その諸侯は十代続かない、こう読んでしまったわけです。

礼楽征伐諸侯より出ずれば、十代でだいたいおしまいになる。孔子がそう言っているじゃないか。徳川幕府というのは諸侯にすぎない。いま礼楽征伐は全部徳川家から出ている。あれは十代目になるとおしまいになる、こう竹内式部《たけのうちしきぶ》（注：江戸時代中期の神道家）が言うわけです。

十代目になると徳川幕府はこれでおしまいになるというんで、公家がクーデターを起こしそうになるんですね。あれがいわゆる竹内式部事件（注：宝暦《ほうれき》事件）です。

あの当時になると、ものすごく『論語』は浸透しておりますから、『論語』にこうあるから徳川幕府は十代で終わりだ、こういう発想が出てくるんです。

しかし、これは『論語』の読み違いで、本当のことをいうと、そんなことをすると、天皇家のほうが十代でなくなっちゃうという意味なんです、孔子が言ったのは。けれども当時は、そう読みかえたんです。

「礼楽」と「正名」

では、孔子の言っている礼楽とは何か。これを考えるときに大事なのが、次の一節です。

子路《しろ》曰《いわ》く、衛君《えいくん》、子《し》を待ちて政《まつりごと》を為《な》さば、子まさに奚《なに》をか先にせんとすと。子曰く、必ずや名を正《ただ》さんかと。(「子路《しろ》第十三」305)

ここで、もう一つ「正名論《せいめいろん》」というのが出てくるわけです。

子路曰く、是《こ》れ有るかな、子の迂《う》なるや。奚《なん》ぞそれ正《ただ》さんと。子曰く、野《や》なるかな由《ゆう》や。君子はその知らざる所に於て、蓋《けだ》し闕如《けつじょ》たり。名正《ただ》しからざれば、則《すなわ》ち言順《げんしたが》わず。言順わざれば、則ち事成らず。事成らざれば、則ち礼楽興《れいがくおこ》らず。礼楽興らざれば、則ち刑罰中《けいばつあた》らず。刑罰中《あた》らざれば、則ち民《たみ》手足を措《お》く所なし。故《ゆえ》に君子これを名づくれば、必ず言うべきなり。これを言えば、必ず行《おこな》うべきなり。君子その言《げん》に於て、苟《いやし》くもする所無きのみ。(「子路第十三」305)

こう答えていますが、おそらく当時の政治的状況で、衛《えい》という国へ行く。衛という国に招《しょう》聘《へい》をされる。

なぜ衛公が孔子を招待したんだろう。ここで孔子が特に任命されて総理大臣のようなことをやるんじゃないかと、弟子の子路はせっかちですからそう考えた。

先生はまず政権を委任されたら何をいたしますか、そうしたら孔子が「まず名を正さんか」と言ったんです。

子路が「是《こ》れ有るかな、子の迂《う》なるや。奚《なん》ぞそれ正さんと」

子路という人は何でもズケズケと言うんです。これだから、先生バカだなというと、ちょっと言いすぎですけど、先生なんてのは世間知らずだなアという言い方です。

この乱世に政治をまかされてクーデターでもやるのかと思ったら、「まず名を正さんか」と、一体何ですか、それは。

すると孔子が「野なるかな由や」。というのは、実際、由よ、おまえは、礼儀知らずだな。こういうふうにまずたしなめておいて、まず正統な君主が正当な権限を持たない以上、人は従わない。

人が従わないと何事もできない。したがって礼楽が起こらない。礼楽が起こらなければ正しい裁判ができない。正しい裁判がおこなわれなければ、民衆が動揺してどうにもならなくなる。

「礼楽興らざれば、則ち刑罰中らず」というのは、われわれにとって非常に不思議な言葉でして、法律がちゃんとしなければ正しい裁判はできないというなら話はわかるんですけれども、礼儀と音楽が起こらなければ正しい裁判ができないなんていうのは、今ですと非常におかしなことだ、ということになるんですね。

「礼」と「楽」が不可欠なわけ

そこで、礼と楽という言葉は翻訳に困るらしく、いろんなふうに訳されています。政治的制度ないしは法と組織、そういう意味にとっている人が非常に多いですが、なぜ礼楽が政治的制度とか法や組織の意味になるのかという問題なんです。

礼というのは外面的規範です。虚礼という言葉があるのと同じで、あんなやつどうだっていいやと思っても、ちゃんと礼儀正しく頭だけは下げるということはできる。

これはいわばアメリカにおける法は外的規範であるというのと非常に似ていて、中国においても礼というのは外的規範で、内心とは関係ない。

秩序を守るためにそのとおりにやらなくちゃいけない。礼というのはそういうものであって、もちろん虚礼というのはあり得る。

楽というのは何かと言うと、元来の意味は音楽なんです。これは『礼記』の「王制」などに出てくる言葉で、音楽というのは、そういった外面的秩序を超えて全員の情感に訴える何かを言うわけです。

これはよく例に引かれますが、たとえば皇帝と乞食がいる。この間には格段の差がある。ところが、いい音楽にはどちらも同じように内心の反応を起こす。だから、礼という外的な秩序と、楽という内心で共感しあう何か、この二つがないと秩序というものは成り立たない。

楽は同を統《す》べ、礼は異《い》を弁《わか》つ。(『礼記』の「楽記《がくき》」第十九)

というのはそういうところからきているので、楽というのは上から下まで一本通っている、みんなに通っている一体感ないしは情感のようなもの。同時に礼というのは、それでいながら階段をつけていく、秩序だてていく外的な規範。この二つがちゃんとしないと秩序ができない。

「礼楽興らざれば、則ち刑罰《けいばつ》中《あた》らず」というのは、そういう意味です。

単に礼儀と音楽というだけの意味ではないわけで、外面的秩序と内心的一体感、それがない限り秩序はできない。だから孔子は外面的な秩序をこわすということに非常に反対でして、これをやったというとたいへんに非難する。だから、諸侯が八佾《はちいつ》の舞《まい》をやらせたなんていってカンカンになって怒っているんです。

八佾の舞というのは、タテヨコ八列六十四人の舞で、六十四人がダンスやったたって別に構わないじゃないかと思うんですが、これは昔は皇帝しかできなかったことを陪臣の諸侯がやった、こういうことをやっちゃ一切秩序というのは崩れてしまう。

『論語』はどう有益か

これなども日本は礼楽的社会で、ヨーロッパは契約的社会だなんて、そういうことを言えば言えるんですけれども、どの社会にも礼楽的要素というのはあります。これが全然ない社会というのはないです。

人間は法と契約だけでどの社会でも動くというわけではないので、どの社会でも、どの組織でも、礼楽という要素は必ずあるんですが、日本の場合、組織はどっちかというと礼楽が主体になります。

だから、社規社則みたいなものは読まなくていい、各社独特の礼楽があって、これはみんな社によって違いますから、途中入社が非常にむずかしい。その会社の社規、社則をいかに読んでも、自分がどうしていいかよくわからないみたいなことが出てくる。

これはいわば礼楽的社会の特徴なんですね。そのかわり、日本の社会の秩序を崩そうと思えば、まず楽のほうをはずしておいて内心的一体感というのを全部こわして、次に礼の秩序をこわせば、あとはどういう規則があろうと、何がどうなっていようと、これで完全にこわれて機能しなくなるんです。

大学紛争なんかのときに、見ているとそれが非常によくわかります。あとはもう何もなくなってしまう。ですから、うまく機能している会社というのは、私などから見ると、礼楽的秩序というのは非常にうまくできているんです。

だから、その会社に入っていくと、その会社がうまくいっているか、いっていないか、すぐにわかるという人がいるんですけれども、礼楽、それを見れば何となくピンとくるという、これはあるんですね。

今は悪いほうで有名なある本屋さんですが、その一代目は、出版社相手の高利貸で、在庫を担保にとって金を貸す。払えないと、その在庫を取りあげてしまう。売れないものは紙くずに売って、売れるものは古本で売るというふうにやっていたわけですけれども、それが出版社に行くと一瞬にしてすぐわかる。

これはもうつぶれるとか、これはいろいろ言われているけれども大丈夫だとか。いろいろ聞いてみますと、結局、礼楽があるかないかなんですね。

というのは、出版屋というのは機械も何もないですから、社長から編集員に至るまで、なんらかの内心的一体感を持って、たとえば雑誌なら雑誌をつくっていくようにしないとできないんです。どうだっていいじゃないか、あんなもの、ともしも思ったら、もうできない。同時に内部の秩序というのはきちんとしていないといけない。

それがあるかないかというのは、長らくの勘《かん》でピンとくる。それがなくなったらだめ。これはつまり礼楽的秩序です。これが崩れると、ほんとうにうまくいかなくなる。

これはほかの企業でも結局、私は同じだろうと思います。ほかの企業のことはよく知りませんけれども、礼楽的秩序が崩れてしまうと、日本の社会というのはどうにもならなくなる。同時に、今の日本の社会というのは犯罪も少ないし、いちばんうまくいっている。警察官の数もものすごく少ない。法律が厳しいからそうなっているのかというと、誰も実は法律書なんか読んだこともない。第一、弁護士の数がアメリカの何十分の一です。

じゃあ一体、何で保っているのかというと、やっぱり礼楽的秩序という非常に強い伝統があるからだろうと思う以外にないわけです。

礼楽的秩序をつくりあげるための教育書が、すなわち『論語』なわけで、一体どうやって礼楽的秩序にマッチしていく管理職をつくるか、これが『論語』を読んでいく場合のいちばんおもしろい問題点で、同時にいまだに、これは読むと非常に有益――単に有益、無益で本を読んじゃいけないんでしょうけれども、有益だなと思うわけです。

人間、何がいちばん悪いか

孔子という人は、決していわゆる聖人君子みたいなことは一つも言っていない。人間何しているのがいちばん悪いんだ。ボヤーッとしている暇があったら、

博奕《ばくえき》なるものあらずや。これを為《な》すは猶《な》お已《や》むに賢《まさ》れり。（「陽貨第十七」456）

と言っているんです。賭け事、悪く言うと博奕《ばくち》しているほうがまだいい。だから、ボヤーッとしているくらいなら、パチンコ屋に行ってパチンコしていたほうがまだよろしいと言うんです。

中国文学の駒田《こまだ》信二《しんじ》先生は、夏休みの前に必ず学生に『論語』のここを読んで聞かせるんです。

夏休みにおまえたちは何をやるか、もしボヤーッとしているぐらいならパチンコでもやれ。孔子がちゃんとそう言っている。人間は何もしないでいるというのがいちばん悪いんだ。

孔子は、賭け事みたいなことを絶対やっちゃいかんということは書いてない。酒も飲んで

はいかんと書いてないです。

酒は量なし、乱に及ばず。（「郷党《きょうとう》第十」243）

乱れなければ一向に構わないと。そういう禁欲的なうるさい戒律《かいりつ》みたいなことはないんで、賭け事をやってもよろしい、酒を飲んでもよろしい、そういうことは何も禁じていない。ただし乱れてはいけない。こういうタイプなんですね。

われわれ、こういうのを読んでいくと、それはいちばんいいなと、それが当たり前じゃないかと、なんとなく思うんですけれども、なぜそれが当たり前だと思うかというと、やっぱり長らく『論語』を読んできたから、なんとなくそれが当たり前だと思って。

禁酒法を日本でやろうなんていったら気が違ったと言われますよね。アメリカは現にやったわけですが、そこらがたいへん違うのは、われわれには論語的発想というのが長らくしみこんでいます。

酒飲んでどこが悪い、乱れればいけないかもしらんけれども、適宜《てきぎ》飲むのはいいじゃないか――『論語』にそう書いてあるわけですね。

われわれの発想というのは、いろんな点で『論語』が十三世紀以来しみこんでいるわけです。秩序の立て方も、生活の仕方も。

「教えずして罰するは不可」とか、孔子にはこういう言葉はいっぱいあるんです。教えないでおいていきなり罰するのを残というとか、それから注意を与えないで急に、たとえば物事を何月何日までにやっておけといって、注意を与えないでおいて、急にそのときになって、おまえなぜやらないかと責任を問う、これは虐という。

残虐というのはその二つを言うんですけれども、日本というのはそういう社会だということは、『論語』を読むと一応わかる。

だから学生のときそれを読むだけ読ませたらいいじゃないか。日本の社会というのはこういう伝統なんだ、それを好きか嫌いかは別としまして、その上で自分が判断すればそれでいいわけです。

それを全部教えないで世の中に放りだすというのは、日本というのは相当、孔子から見ますと残虐な社会ということになるわけですね。

そういう意味でも、手前みそになっちゃうんですけれども、『論語』が非常に読みにくければ、私の『論語の読み方』ぐらい読めばむずかしくないですから、自己宣伝みたいになっちゃいますけど、決してこれは、学生時代に読んでおいて無駄じゃないと思うんです、日本の社会に生きていくつもりならば。

基本的な生き方とか、日々の生活の仕方とか、それから日本における組織のつくり方とか、全部基本が出てくるわけですから、それは一応知って社会に出ていくほうがいいんじゃないか。

そういっても学校でやらなければ、企業でまず、日本の社会というのはこういうものなんだ、学校じゃ教わらなかっただろうけれども、これを教えるということ、これも必要なことじゃないかと思います。

第三章　老荘の知恵の生かし方

老荘についてはじめて話す

「神道」は道教の言葉

これから老荘の知恵という題でお話しするわけですけれども、実は老荘についてお話しするのは、これがはじめてです。老荘というのは非常に扱いにくいと同時に、日本人がどれだけの影響を受けているかは非常にわかりにくい面があります。

たとえば、「神道」という言葉があります。あれは日本人みんな、日本独特の宗教だと思っているんですが、神道というのは実は『道徳経』（注：老子の著書といわれる上下二巻の経典。『老子』ともいう）に出てくる言葉でして、これは簡単に言うと道教（注：儒教、仏教とともに中国の三大宗教の一つ）の言葉です。

道教の影響は実に強かったんじゃないのかと、私どもは簡単に考えるときに、道教の中心地は江南《こうなん》道教とよく言われるように、北ではなくて揚子江《ようすこう》の河口あたりです。

老子がいて荘子《そうし》がいて、それから墨子《ぼくし》（注：墨家《ぼっか》の始祖）がいてというふうになっていた頃は江南が中心でした。たとえば日本人の使う漢語の漢字の発音ですが（これはいつも問題になるんですが）、呉音《ごおん》が非常に多いということですね、南の呉の音です。これが残っているのは世界で、もう日本だけなんです。

しばしば外国人が漢字を学ぶときに非常に困っちゃうのが、呉音と後の唐音《とうおん》ないしは漢音、北方音と、日本の漢字には二つ音があることです。こんなことは中国でも韓国でもあり得ない、日本だけなんです。

なぜ二つ音があるかと申しますと、一方は呉音だということです。たとえばどなたもご存じでしょうが、経済は「けいざい」と読むけれど、経文は「きょうもん」と読む。なんで同じ字を、片方は「けい」と読んで、もう片方を「きょう」と読むのか。これを質問されると、同じ漢字に音と訓があることぐらいは、いろいろ説明できるんですが、二つ音があるのはなぜかと訊《き》かれた場合、日本人も困っちゃうんです。

しかし説明のポイントはあります。これは実は「きょう」のほうが呉音ですね。「けい」のほうが漢音、いわゆる北方音です。

これが非常にはっきり出てくるのが『古事記』で、あれは万葉仮名ですが、あれは呉音で読まないと意味が通じないんですよ。そこで後の漢字の発音ですと意味が通じないものが出てくるわけです。

これがいまだに完全に読み解けない理由なんですね。ですからあの当時までは、つまり

『古事記』が書かれる頃までは、日本人が使う漢字音というのは全部呉音だったのだろうと、こう考えていいわけです。

ところが『日本書紀』になるとこれが漢音になる。漢音とはだいたい当時の長安《ちょうあん》の発音でして、北のほうに留学生が行ってこれは驚いたと、我々の漢字の発音はどうも違うらしいということで、それでその漢音になったのじゃないか。

『日本書紀』は漢文ですから、何音でも構わないようなものですが、あの中で古い歌を引用している場合、歌は全部万葉仮名のように使っており、これは『古事記』と違うわけですね。ですからあのあたりで切り替えがあったんで、その前の音がずっと今まで残っているというのは、江南の影響が非常に強かったと考えざるを得ない。そうしますと、江南道教の影響は当然あったんじゃないかと。これは仏教伝来よりも前にあったんじゃないのか。まあこう考えられるわけです。

仏教伝来の頃ですともう漢音が入ってきているはずですから、その前が呉音ということはこれは非常に不思議で、これがいわゆる六朝《りくちょう》（注：呉《ご》、東晋《とうしん》、南朝の宋《そう》・斉《せい》・梁《りょう》・陳《ちん》の総称）の文化というのは、気がつかないうちにたいへん強く日本に影響していたのではないか。こういう説が出てくるわけです。

仏教を輸入したつもりで道教を輸入

これはいろんなことで言えるんですが、たとえば儒教というのは紫色を絶対に用いません。これは『論語』にも出てきますが、紫という色はよろしくないと。あれは赤だか黄色だかよくわからないからいけないと孔子が言っているわけですね。いわゆる灰色といいますか、どっちつかずのような人間は自分は好かないと、こう言っているんで、紫という色が嫌いだと言ったわけではなく、もののたとえで言ったんですが、儒教は以後、紫は使わないですから、中国の皇帝が着ているものは真っ黄色、黄色です。

私は見なかったのですが、「ラストエンペラー」という映画をご覧になった方は、清《しん》の皇帝がまだ小さい子どもの頃、弟が黄色いものを着ているのを非常に怒って、これはわたしらが着る色だと、こう言った言葉があったと聞きました。中国の皇帝が着ているものを黄袍《こうほう》といいます。無理やり皇帝にさせられることを、黄袍せらるという言い方をします。

日本ではいちばん尊い色は紫なんですね。紫宸殿《ししんでん》あるいは「ししいでん」とも読むわけですが、宮中でいちばん重要な場所は紫宸殿で、紫なんです。天皇が高僧に与える衣は紫衣《しえ》といわれ、紫の衣なんですね。中国ではお坊さんも黄色のものを着けていますし、皇帝はもちろん黄色で全部黄色なんですけれども、日本では決して紫は悪い色ではない。

これは何の影響でそうなのかというと、実は道教がそうで、道教においては紫はいちばんいい色なんです。儒教においてはこれは使ってはいけない色で、色の使い方で道教系か儒教系かとわかるわけです。

もう一つこれは決定的な証拠ということになりますが、『日本書紀』のはじめのほうの俗にいう天地創造の項ですが、あの記述は『淮南子《えなんじ》』（注：淮南《わいなん》王劉安《りゅうあん》が学者を集めて編纂した思想書）からの引用といいますか多少違っておりますけれども、だいたい『淮南子』を種本にして書いたといっていいわけでして、これも明らかに道教の影響、『淮南子』は道教の文書でありますから道教の影響と、こう見ていいわけです。

それからもう一つ理由があるんで、日本が中国からあらゆるものを輸入したのは唐《とう》の時代ですが、唐の王朝は李《り》姓で唐の太宗《たいそう》の本当の名前は李世民《せいみん》ですね。老子も姓が李であったというところから、建《た》て前《まえ》は中国の時代、唐の時代、儒教なんですけれども、皇帝一家の最も尊崇していたのは実は道教で、同時に仏教勢力は非常に強かった。この三つが争いを起こすと困るので三教合一論と俗に言う（儒釈道合一論とも言います）儒と釈と道とは基本的同じものであると、こういう説が出てきます。

これは実質的に非常に違うんで、そう簡単に同じと言っちゃ困るんですが、いわゆる宗教混交を起こして、ある程度共通点が出てくるとこの三つは同じであるというわけです。

日本が中国から仏教を導入したというのは実は正しくないんで、儒釈道合一論を導入したわけですね。日本人が仏教を輸入したつもりで、実は道教を輸入したという面もその次にあるわけです。

和光同塵《わこうどうじん》（注：徳を隠して俗世と交わる）なんていう言葉がありますね。みんな仏教の言葉と思っているんですが、老子の言葉なんです。それは少しも不思議ではなく、一見仏教的と言われるものの中に、実はいっぱい老子のものが入っていると。ですから我々は知らない間にその影響を受けております。

たとえば我々は道という言葉が非常に好きです。何々道、剣道とか柔道とか何でも道をくっつける。道をきわめる。『論語』にそんなに道というのがいっぱい出てくるかというと、実は出てきません。これは道教のほうであって、さっき『道徳経』というのは道教の基本的経典だと申しましたが、これは我々が今で言う道徳という意味ではなくて、道編と徳編があるわけです。

中国というのは二つの単語をくっつけて一つの意味をあらわすということはまずないんで、一漢字は一単語でそれだけで意味を持っておりますから、道といえば道であって徳といえば徳、原則として一単語ですから、道は道で徳は徳なんです。

道というのがつまり道教の基本概念ですから道教といわれるようになったわけで、それから何々道という言葉が盛んに使われるようになりました。

老子伝説をめぐって

では日本に道教があったのか、これがたいへんややこしいんで、建て前上からいうと日本には道教はありません。どうしてかというと、道教には道観《どうかん》というお寺があり、道士という坊さんがいなくちゃおかしい。

これは狭く解釈するとそういうことになるわけで、仏教というのは仏教のお寺があって仏教の坊さんがいない限り、その国に仏教があるとは言えない。日本中どこを探しても道観がない。歴史上どこかにあったんじゃないかと言う人はいるんですが、実際にないし、今でも残ってないわけですね。

台湾などに行きますと儒教よりも仏教よりも何よりも道観とか道教が盛んで、道教のお寺がいたるところにあるわけです。ああいうのを道教と本当に言うんだとすると、日本には道教はないという言い方になります。

ただそうなりますと今度はもう一つ問題が出てきます。お寺、今ですと道場というのは、剣道場とか柔道場とかのことを道場と言いますが、昔、道場というと宗教施設のことを言ったわけで、これは家康の頃もそうなんで、一向宗《いっこうしゅう》の道場という言い方をしますね。お寺じゃなくてみんなの集会場みたいな意味でそこで坊さんの法話を聞くというところを道場と言ったわけで、お寺という言葉と道場という言葉がしばしば同じ意味に使われています。

これはやっぱり道教の影響ではないかと言われる方もあるわけですが、狭い意味に解釈しますと道教は日本に来ておりません。ただ、これを非常に広い意味、道教的な考え方で言いますと、『日本書紀』の宇宙論、その宇宙論が実は『淮南子』を下敷きにしているわけですから、記紀万葉の影響が日本人にある以上、道教の影響はもちろんあると、こう言っていいだろうと思います。

といってここでまた問題なんですが、神道という言葉は道教用語です、もちろん。じゃあ日本の神道は道教の一派なのかというと、決してそうではないという。結局どれくらいややこしいかというお話をするんで、これは終わってしまいそうなんですが。

少し老子という人間がどういう人間かというところは割合簡単にやりまして、というのは実際にはいなかったと。孔子は確実にいたんで生年死没年、これいろんな説はありますがきちんとわかっているんですが、老子になるとそういうことが一切わからない。ですからこうして老子がいたなんていう話はだいたい嘘《うそ》だろうと。

ただ伝説によりますと、伝説をあまり正確に覚えていなかったのでちょっとそのとおりに引用しますと、これは、金谷治《かなやおさむ》先生（注：中国古代思想学者）の要約ですが、姓は李《り》、名は耳《じ》、だから李耳という名前だったわけですね。それが楚《そ》に生まれた。

これも不思議で、楚ではないという説もあるんで、周の王室の役人、守蔵室吏（図書館の役人）となり、孔子がそれを訪れて礼の教えを受けたこともあるが、やがて周の衰えを見て隠棲しようとして関所を過ぎ、関守《せきもり》（関令尹喜《かんれいいいんき》）の頼みで上下二巻を著《あらわ》したうえでどっかに立ち去ったといわれる。これがだいたい昔から言われている老子という人の短い要約であります。

ただ、この伝記は非常に疑問が多くてよくわからない、それだけですから。後になると孔子より百年後の後輩だという説も出てきます。それから架空の人物だといって、その実在を否定する人もおりまして、そんな人間はじめからいなかったのだと。

ですから老子の二編は『道徳経』とさっき言いましたように、道と徳の経と呼ばれるわけです。道徳の意味はもちろん儒教のいう道徳ではないわけです。ただ『道徳経』そのものにいろんな時代のものが収録されておりまして、到底老子一人が書いたものとは言えないわけです。民間伝承その他おもしろい話もいっぱい出てきます。

老子の思想を読む

無為の哲学

老子というのは、よく言うのが「無為《むい》」、何もしないと。「無為のことに処《お》り不言の教えをおこなう」と、これが聖人であると。こう言ったというんで、いわゆる無為の哲学としばしば言われます。

だから聖人とは何もしない、何もしない無為の状態、また言葉をもって人に教えることはしない、それが本当の聖人だとこう言ったわけです。言葉をもって教えているんですから、書いたら書かれている言葉も聖人の言葉ではないという内容矛盾《むじゅん》を起こすんですけど、これがだいたい『老子』の第二章、その中のいちばん代表的な言葉です。

第一章によくあるのは、「無名は天地の始めなり」と。無の思想はここからくるわけで、そこからものができてくる。「天地に先立ちて物あり」と、「形無《な》くしてもと寂寥《せきりょう》（注：ものさびしい）」というのは日本人も好きな言葉で、じゃあんたは誰が言ったか知っているかというとだいたい知らないのですが、これはやっぱり荘子（老子か？）から出ている言葉です。

それでは、一章から一つくらいずつ老子の言葉をあげていこうと思います。

第二章はお話ししましたね。第三章には、「その心を虚《むな》しくしてその腹を満たす」、それからその次に、「その志《こころざし》を弱くしてその骨を強くす」と。ですから心を虚しくするとか、志を弱くするというのは、普通の考え方、人間強い志をもっていつも充実した心で何かをしなくちゃいけないというのは俗に言われることですが、ここでも逆を言っているわけですね。

志を弱くして骨を強くす。この場合も、昔からこういう言葉に対して、私はこのまま受け取りゃいいと思うんです。

腹を満たす、だから志なんか、心なんか虚しくて腹を満たしていれば人間はいいんであって、志なんて弱くして骨が頑丈ならばそのほうがいいんだと。

彼の考え方、老子の基本的な考え方というのは、心の中で年中何かを企《たくら》んでいる、これがいっぱいになっているとか、志、強い意志をもって何かをやるというのは欲のためだと、人間所詮《しょせん》。だからそういうその欲のかたまりで知能と心とそれから意志とを充実させている状態はよくないと。それくらいならお腹をいっぱいにして骨を強くしろと言ったんだと。

私はそう解釈するわけですが、とんでもないという人も出てくるわけです。これだから老子はやりにくいと思うんですが、今日はそういうさまざまな解釈を抜きにしまして読んだら読んだままで、それで行こうとこう思います。

また第三章では、「無為を為《な》せば即《すなわ》ち治まらざる無し」ともあります。これは「無為にして為す。だから人為を用いない」の意です。これもまたいろいろ解釈があるんですが、悪く言うと政治家なんて何もしないほうがいちばんいいんだ、へたに干渉してくるからいけないんで、そんなこと何もしないのがいいんだと、こう言っているんだと、そう解釈して私はいいと思います。

「乱れた糸を根気よくほぐす」が老子式

「その鋭《えい》を挫《くじ》き、その紛《ふん》を解《と》く」。これは老子らしい考え方であって私などはこの考え方が非常に好きなんですけれども、これは老子の第四章ですね。

その鋭を挫きその紛を解くというのは、簡単に言いますと、糸がもつれたようなときに、はさみでずばずば一刀両断しちゃうと人間というのは非常にさっぱりするものですが、絶対にそれをやらないと、その鋭を挫いちまえと。そのくちゃくちゃに乱れた糸を根気よくほぐしていけと、こういう考え方なんですね。

これは確かに、社会とはそんなに簡単に一刀両断できるものではないんで、昔の単純な青年将校なんていうのはなんでも簡単に一刀両断できるつもりだったから、ああいう人こそ老子を知らないと困るのですが、何事も紛糾《ふんきゅう》した糸を一生懸命解いていくように解いていく。

これがいちばんいいんであって、なんかすっぱりと一刀両断できるようなこと、ないしはできるような説、こういうようなものはその鋭を挫いたほうがいいのだ。そういうことは遠慮なく挫いちまえと、これはもうほんとに、老子そのもののような考え方です。

「その光を和し、その塵に同ず」。これが和光同塵ですね。これが老子の第四章に出てくるんで、仏教用語とよく間違えるのですが。

これはふつう老子といったときにしばしば間違えられることを逆に否定しているわけで、その光を和しというのは、和光同塵というのは何を意味するか、平和で光であって同じ塵である、なんてなんだかみんなわかんないですがよく使うわけです。

和すということばは和《やわ》らげるという意味です。だから自分の才能とか才知とかそういうものは、絶対に光のように外に出してはいけないと。同塵というのは俗世間です。俗世間といつも同じでいろと。これはほんとに老子らしい言葉なんですね。

教えなんか説くな

その次がいつも問題になる言葉で、これは第五章に出てくる、「天地は不仁《ふじん》なり、万物を以《もっ》て芻狗《すうく》と為《な》す、聖人は不仁なり、百姓《ひゃくせい》を以て芻狗と為す」です。

なんでこんなことを言ったのか、これはいつもよく問題になるんですね。天地は仁にあらず。これですね、天地なんてものは仁じゃないんだと。万物を以て芻狗と為す。芻狗というのは、ワラで犬の形をつくり祭儀に使い、なくなるとぱっと捨てちゃったと。ちょうどこれは日本でお盆のときに茅《かや》の茎などをナスやキュウリに差し入れ脚とし、て牛や馬だといって、終わると捨てちゃうのと同じようなものです。

だからこれを芻狗と言ったわけですが、天地なんてちっとも仁じゃないと、万物を芻狗と同様にしているじゃないか。つくっちゃ、すぐぱっと捨てちまうと。

次に、聖人は仁にあらず不仁なり。孔子なんて最もよろしくないんで、ああいう仁だなんて言っているのがいちばん不仁なんです。百姓《ひゃくせい》は人民のことです、ひゃくしょうのことではありません。これも以て芻狗と為す、同じ意味です。

聖人は不仁なり、百姓を以て芻狗と為すと。聖人はいろいろ教えを説くけれども、すべての人民をないがしろにしているから仁じゃないと、こう言っているわけですね。

そんなら教えなんか説くなと。これは老子がつねに言うことで、「多言なればしばしば窮《きゅう》す」（第五章）。しゃべるからいけないんだと。

私なんかもいけないことになるのですが。これはもうそれを非常に嫌う。ですから孔子のようなタイプというのは、ある意味においてちょうど裏返しにすべてを言っているようなところがあります。ですから聖人はいちばん仁慈《じんじ》（注：いつくしみ）の心なんかないものだと、こういう言葉を使っているわけです。

それから「天は長く地は久し」（第七章）。天長地久で、これは天長節、地久節と言う。いまでも天長節という言い方をしますね、天皇が生まれた日に。

昔は皇后の誕生日は地久節といった。これはどこから出たか、神道からか、いやそうじゃない道教からだ、『老子』にあるよと言うと、へーってことになるんですが。これなどは明らかに道教用語がそのまま日本の祭日の言葉に使われているわけですね。

「空」について、「静」について

それからその次にちょっと飛ばしまして第八章に出てくるのが有名な「上善《じょうぜん》は水のごとし」。日本人がこれを使うときに、最もよいやり方というのは水のごとく淡々としたやり方であって、という意味にだいたい使っていますね。

しかし実はそうじゃないんで、老子はこれに似ている言葉を他でもよく使っているんです。「江海の最も満つるはその最も下に居ればなり」（第六十六章）——（注：一般的な宇佐美《うさみ》版では「江海の能《よ》く百谷《ひゃっこく》の王と為《な》る所以《ゆえん》の者は、其《そ》の善《よ》く之《これ》に下るを以《もっ》てなり」）

江海（注：大江《おおかわ》（揚子《ようす》江《こう》）や海）はなんであんなに水があるんだと、みんなへりくだっていちばん下にいるからだ、下にいればすべてのものが集まってくる。それを言っているんで、いちばん良い善、最良の善というのは、逆に流れを下っていったいちばん下に行く水のようなものであって、下へ下へと下がっていくと申しますか、それがいちばんいいんだと。上へ上へと登ろうとするのはよくないんだと、こういう言い方なんですね。

ただこれなんかもしばしば誤って使われるというか、誤解をされる。

その次に第九章に、「功を遂げ身退《ひ》くは天の道なり」という言葉がありまして、功績を立てたらどんどん引退しちゃえと、それによって権力その他を得たらいつまでもそこにいるのは天の道に従う所以《ゆえん》じゃない。これは老子的な考え方と言っていいと思います。

それからもう一つ老子がしばしば口にするのが「空《くう》」なのです。荘子も口にしていますね。空だからいいんだという言い方じゃなく、空って何を言っているのかと、荘子なんかも壺《つぼ》というのはどこがいいのだ、中が空だからいいのだ、中が空じゃなきゃあれは使いようがない、価値あるものは空だけだという、そういう言い方をしているわけで、これは結局、老子の言っていることの敷衍《ふえん》（注：言い替え）なわけです。

「三十輻《ふく》一轂《こく》を共にす、その無に当たりて車の用あり」（第十一章）

無というのは空虚ですが、輻というのは、昔の馬車にあった車輪の中心――これが轂です――から出ている放射状の棒のことですね。その真ん中にそれをとめているところがあって、その中心に空虚なところがある。だから車が回るんであって、車の中心というのは空虚なんだと。空があるからこれが中心になっているんで、ここがつまっていたら車は回らない。ですからいちばん大切なところは、まわりではなくて車の空虚の穴だということを、彼は言っているわけです。

「虚《きょ》を致すこと極《きわ》まれば静《せい》を守ること篤《あつ》し」(第十六章)

静は静かです。ほんとに心の中の中心が徹底的に虚であって何もないならば、人間はどんなときでも静、静かでいられる。静かでいられるがゆえに、逆手の意味にとるとすれば、そこを静かにしていればこそ車が回るように最も能率的に回転できる、というふうに解釈すると、そうとう積極的な意味になりますね。

ただそういう積極性があるかどうか、そう解釈できないことはないですけど、ただ人間というのは静がいい静かなのがいい。そうして、実は朱子も言っているのです、静が基本であると。とりわけ老子はその基本は心の中のどっかの虚に徹することだと、そうするとはじめて人間というのは静になると、こう言っているわけです。

仁義は大嘘

その次に有名な言葉は第十八章ですね、「大道《たいどう》廃《すた》れて仁義あり」。

仁義仁義なんて言いだすのはほんとの道がなくなったからだと。だからそういう聖人などが出てきて仁義仁義などと言っているのは道がなくなったからなのだと。

もっとひどい言葉があるんで、「智慧《ちえ》出でて大偽《たいぎ》あり」（第十八章）。大偽というのは大きなにせです、大きな嘘。大道廃れて仁義ありとか、智慧出でて大偽ありとか、だいたい智慧があっていろいろ言っている人間なんていうのは、特に仁義なんかを話しているのは、大嘘《おおうそ》、大にせを説いているにすぎないと、こういう言い方になるわけです。

智慧というのはやはり一つの絶対的な価値とされている言葉であって、それが出てくると大きな偽が出てくるという。これも老子らしい言い方であります。

次が、「六親《りくしん》和せずして孝子あり」（同）。六親というのは親子兄弟夫婦、この六組の間のこと。家貧しくして孝子出ずは、これから来た言葉なんです。ですから、みんながごちゃごちゃけんかばかりしていると、はじめて孝行な人間が出てくるという。だから孝子が出てくるのはちっともよくないんだと。

「国家混乱して忠臣あり」（同）。これもよく使われますね。国乱れて忠臣ありという。これも、そんなのちっともいいことじゃない。なにもそういうのが出なくてもせいせいと動いているのがいちばんいいのだと。だいたいこういう考え方です。

その次に第十九章、「聖を絶ち智を棄《す》つれば民利百倍す」

聖は聖人の聖です。智は知識です。聖なんて絶っちまおう、それから智は棄てろ、そうすれば民の利益は百倍するんだと。

「仁を絶ち義を棄つれば民《たみ》孝慈に復す」(同)。これはもうたいへん皮肉な言い方で、孝と慈というのは……慈は慈愛の慈ですね。人に対して慈愛深くなる、親に対しては孝行になる。それは仁を絶って義を捨てればそうなるのだ。それから聖を絶って智を棄てれば民利は百倍する。

その次に、「企《つまだ》つ者は立たず」。これはごく普通にわかる言葉で、第二十四章ですが、爪先で立って背伸びしているものは絶対に立っていることができない。これ絶対にやっちゃいけない。

「跨《また》ぐ者は行かず」(同)。この場合の跨ぐというのは、むしろ一生懸命大股で速く歩くことです。それでは長時間行けないと。これは当たり前ですけど、こういう考え方はだいたい老子に全部共通している考え方です。

大の軍隊嫌い

それから「不《ふ》善人《ぜんにん》は善人の資なり」(第二十七章)。この考え方は、資というのは資本とか助けになるものという意味です。善人でない人間はたいへんありがたいものであって、善人でない人間を見るから、ああなってはいけないと思って善人になるので、不善な人というのは善人にとっては助けになるものであると。

これはそういう事実を言っているだけですね。善人になれとも悪人になれとも言ってるわけではない。

それから「甚《じん》を去り、奢《しゃ》を去り、泰《たい》を去る」（第二十九章）。これは奢《おご》りを退け豊かな生活などせず泰色《たいしょく》（注：奢り高ぶった様子）からも去ると。なぜこういうことを言ったのかと、儒教的解釈というのは、そうやってはじめて中庸《ちゅうよう》（注：かたよることなく調和がとれていること）が得られればいいんだ、というものです。しかし、そうではなくて、甚《はなは》だしいおこないとか、甚だしいことは一切するなと。これは必ずしも中庸と同じではないのですが、これは絶対しないほうがいいと。

それともう一つ、老子がもっとも嫌いなのは軍隊なんです。それはこういう人が軍隊とか軍人とか好きなわけないんですが。「佳兵《かへい》は不祥の器《うつわ》なり」（第三十一章）

これはほんとにいい言葉で、佳兵というのは佳《よ》き兵ないしは優《すぐ》れた鋭利な武器ですが、それは不祥の器であると。それは凶器、世の中にとってちっともよくない器械だと。

老子にはこういった言葉が、よく出てくるんですね。「師の処《お》る所、荊棘《けいきょく》生ず」（第三十章）。師、つまり軍隊がいれば棘《とげ》ばっかりが出てくる。それから「戦い勝てば喪礼を以《もっ》てこれに処《しょ》す」（第三十一章）。

これは戦争に勝って終わった後、そのときは喪礼、葬式のような状態でなければいけない。勝った勝ったといって喜ぶようなことは絶対にしてはいけない。これなども老子らしい言い方ですが、これはほんとうに考えるべきことだと私は思うのです。

昔の人間は軍人でもこういうものを子どものときから読まされたという教養がありますから、乃木《のぎ》さん（注：乃木希典《まれすけ》）みたいに勝ったということを逆に悲しむ、相手のために悲しむ、葬式のように悲しむと、まあこういうことが出てきたり、日本海大海戦の作戦をやった有名な秋山真之《あきやまさねゆき》ですが、史上またとない大成功なのですが、後々その状態に耐えられなくなってくる。精神の状態がおかしくなってくる。こういうのは非常にノーマルな神経の持ち主で、勝った勝ったといって大喜びなんぞするのは葬式のとき大喜びをするようなもんで、これはもう絶対にやってはいけない。

こういう点、老子というのはたいへんにおもしろい点があるわけです。

さらに有名な言葉ですと、後は有名なところだけ選びますが、「大器晩成」（第四十一章）という言葉がありますね。

晩成とは何だろうかと、これは実際よくわからないです。大器は人工を加えてないものを言うんだという、こういう読み方のほうが正しいんじゃないかと思います。

だいたい今、大きな器というのは晩年になってできるものだという意味に使っておりますが、これは後になると中国もそういう意味に使っているんで、その影響を受けたのですが、老子が晩成の成を成功の意味で用いることというのはまずないんじゃないかと、そう思います。

学と道は逆である

それからこれも有名な言葉、いやこれはあまり有名じゃないですか、「礼は忠信の薄《うすき》にして乱の首《はじめ》なり」（第三十八章）。

これはほんとうにおもしろい言葉で、孔子は礼が絶対なわけですね。でも忠信の薄にして。つまり、忠・信、これは人間に対する真実、それが薄くなってきた証拠だと。乱の首なり、すなわち乱のはじめであると。だから、礼儀ばかり正しいというのが、いちばん危ない状態だと言っているわけです。

これは孔子が聞いたら飛びあがるくらい驚く言葉です。ですからさすがにこういうときになりますと、誰も注釈のしようがないから、こういう虚礼であってはいけないという言い方をして、虚礼を非難したんだと解釈したがります。

でも、どこにも虚礼とは書いてない。「虚礼は忠信の薄にして乱の首なり」なら、誰が読んでもわかる常識で、虚礼はもっとも忠や信の薄い人間がやることだと。

しかし、そうじゃないんであって、礼をちゃんとやること自体が忠と信がなくなった証拠だと。老子がそう言ったところに、いちばん問題点があるわけですね。

これは有名な、「大巧《たいこう》は拙《せつ》なるがごとし」（第四十五章）についても同じです。最もうまくものごとをやったというのは最もへたにやったように見える。ですから技巧が見えないようにやったというのはいちばん巧《たく》みにやったわけで、ごく自然にそうなったようにやれれば、それはいいわけですね。

「大弁《たいべん》は訥《とつ》なるがごとし」（同）。ほんとに弁舌に優《すぐ》れている人間はほんとは訥弁《とつべん》（注：話し方がなめらかではない）に聞こえるものだと。

それからおかしいのは、「学を為《おさむ》るものは日《ひび》に益《ま》す」（第四十八章）。それは当たり前なんで、毎日一生懸命学問していれば日に日に知識が益すと。

これは別に益すからやれと言ってるわけじゃないんで、ただやってる事実を言っているわけです。

「道を為るものは日に損ず」（同）。その次にこれが来ているのが皮肉なんで、学問とか知識とかは一生懸命蓄積をしていこうと思う、だから日に益すわけです。

ところが道を為めようというような形で一生懸命それを何かしようとするものは日々に損ず、というのはやろうとすればするほど毎日少なくなるという意味ですね。

学と道とは逆である。いわば虚という状態を非常に重要に思うときに、道を為めようと毎日何かを一生懸命蓄積しているなんてのは変な話で、そんなこと一切やる必要がないと、こういったような考え方です。

それからこれも、いろんな解釈がある言葉ですが、「聖人には常の心無し、百姓《ひゃくせい》の心を以て心と為す」（第四十九章）という言葉が出てきます。

常の心とは恒常的な心、ある意味、こうしなければならないという非常に明確な規範《きはん》ということになりますが、聖人にはそんなものないと言っているんですね。だから「百姓の心を以て心と為す」というのは、民の心どおりに、それをそのまま自分の心として、自分がなくなってしまうということで、こういうのが聖人だとなるわけです。

おおかた無性格で何もない人間、それがいちばんよろしいという。こういうことになってしまうので、これもまあ解釈が困ることなんです。

家に帰ったら老荘を読んでリラックス

表向きは儒学、内心は自由

いったいなんでこんなことばかり始めから終わりまで書いているのか。

まず「聖人は不仁なり」つまり、聖人は仁にあらずというのは、悪く言いますと孔子などを徹底的に否定している考え方であるわけです。

ところがそこが中国は幅が広いというか、長らくの歴史的体験をもっているためと申しますか、儒教、儒学というものは公の学なんですね。こういうものは全部いわゆる中国の統治者階級、いわば士大夫《したいふ》の学ですから、公においてはあくまで儒学どおり、そのとおりにやるわけです。

ただ、ほんとうにそのとおり内心からやっていたら、人間だいたいのびちゃうわけで、心では別のことを思っていてもいいわけですね。

日本人だとそこを誤解する人がいるんで、じゃ偽善者みたいになるじゃないかと、いうことになるんですが、偽善というのとはまた違って、内的規範と外的規範の峻別《しゅんべつ》と言いますか、内的な規範というのはあくまで別であるけれども、外的な規範もまたこれ絶対である。ですからそういう公の席においては、あくまでも公の席におけるルールというものを、規範をきちんと守る。しかし、それを絶対に自己の内心の規範にまではしないという。

これについて、民主主義とはある意味においてそういうものだろうと私は思っています。外的規範が法律であって、内的規範は各人の思想信仰宗教。そうしてこれは全部自由であって、これに対して政府は一切タッチしないと。法にさえ触れなければそれでよろしいというのは、これはもう民主主義のルールで、これを内外一致させられてしまってはたいへんなことになる。

じゃあ心の中で考えていることまで法律どおりでなくちゃならないか。そんなことは何もないんで、まことにつまらない法律だなあと思ってもかまわない。それでもそのとおり守ればいいと、内心は一切問わないという。

孔子はもちろんすべてがそうだとは言ってないんで、いわゆる礼楽《れいがく》という言葉を使っているように、礼というのは外的規範で楽というのは内心の一体感、音楽のようなものだと、こういう言い方をしております。しかし彼にとって、礼というのは絶対であるけれど、礼どおりに回っていくのに、内心は空にしておいたほうがいいということはあるわけです。

生きていくうえでの矛盾を解決する術

この道教というのは、どういう思想を老子が語ったかということを別にしますと、中国の士大夫はこれを生活哲学にしたわけです。

たとえば、朝廷というのは、あれは朝集まったから朝廷といったわけで、朝何時かに集まってその日の会議をすると、そういう席においては儒学どおりの原則できちんと言わなくちゃいけない。これは当然である。

しかし家へ帰ったら聖人は不仁なりと、天地は不仁なりと、そう思ってリラックスしてちっともかまわない。そういう規範の使い分けをしたんだと、こういう人もおります。

ですから仁と義が最も大切である。仁は孔子にとって絶対的なもので、義は孟子にとって絶対的なものですから、孔孟においては仁と義が絶対である。

仁と義はあくまでも対等であって、朝廷においてすなわち公においては、それを当然と言わなくちゃいけないけれども、帰ってくりゃ逆を考えたっていい。大道廃《すた》れて仁義あり、あんなに仁義仁義というのはみんなが、つまりほんとうの道がなくなったからだと、こう思っていていっこうにかまわない。

これはですね、韓国人と中国人で非常に違うところがあるんで、それがどこから出てくるかというと、やっぱり歴史の本当に長い民族というのは人間が生きていくうえのさまざまな矛盾というものをどうやって解決をしていくか、そうしていかないと人間というのは、一生緊張しているとけんかばかりしてなくちゃならない。そうじゃなくて、すべては中は空っぽだと、空っぽを中心にして外がくるくる回ってはじめて機能しているんだと。こう思ってはじめて、それは本物の士大夫であり得る。だいたい道教に対する儒教側の解釈というのはそうなのです。

ただ、ほんとうに老子がそうであったかどうかそれはわかりません。それをそのまま読めば、悪く言うと虚無主義者だと言っちゃっていいわけですが。ただそれが士大夫の哲学となったときに、今のような形になった。

これはある意味でサラリーマンにとって必要なことなんだろうと思います。会社に行ったら、そこでそのとおりやってなくちゃしようがない。これは儒学みたいなもので、会社儒学ですが、家へ帰ってまでそれはたまらない、だから会社は不仁なりと、社長は不仁なりと言っていいわけで、そう思ってもちっともかまわない。

ただ、それは絶対に公の秩序の場でそれはやってはいけない。同時に、公の秩序の中における外的規範というものをあくまでも自分の内的規範みたいに持ちこんでいたら人間はもたない。それは決して偽善とは全然違うことであって、内外規範の峻別ということを明確にしていればそれでいいと。これは士大夫の生き方ですね。そうじゃないとあんなことやっちゃおれないわけです。

ですから日本というのはよく仕事が忙しいと、たとえば座禅を組んで精神の安定をはかって心を空虚にしてしまう。しかし、これは仏教からきた考え方か、道教からきた考え方かというと非常に問題があるんで、むしろそういうことをたいへんに強く言っているのは道教なわけです。老子なわけですね。老子はそれをたいへん強く言ったわけです。

荘子vs.孟子

荘子のほうは経歴もはっきりしません。ただ著書の『荘子《そうじ》』がいつ書かれたものかたいへん問題になるのは、孟子《もうし》（注：中国戦国時代の儒学者。孔子に次ぐ人物）について一言も触れていないことです。

彼は孟子というのを徹底的に嫌ってこれに触れなかったのか、それとも、実はもっと後のように言われているけれども、孟子の前だったのか、これにはまだ定説がありません。

私はなんていいますか、孟子が嫌いだったんだろうと思うのです。だから孟子など絶対にタッチしないというところがあったんだろうと思うんですね、荘子には。

というのは、孔子より孟子のほうがさらに政治的になっているわけでして、彼が言っているのは全部政治論だといっていいですね。ですから、老荘から見るとああいうのはいちばん評価するに足りない人間と、湯武放伐論《とうぶほうばつろん》（注：商＝殷《いん》の湯王《とうおう》が夏《か》の桀王《けつおう》を放逐し、周《しゅう》の武王《ぶおう》は殷の暴君紂王《ちゅうおう》を征伐《せいばつ》した事例についての論）なんてのをもっともらしく言っているなどというのは、はじめから聖人のうちに入らないと、そういうつもりだったんじゃないのかと私は思います。

孟子のいちばんいい点と悪い点は、荘子と孟子はここである意味で比較するとおもしろいのですが、政治というものに絶対的な価値を置いたことですね。これがのちに儒教の哲学になるわけで、皇帝が聖人であって、官僚すなわち士大夫が全部君子であれば理想的な政治ができる、これは聖人君子とはその意味ですけれども。だから中国人というのは政治にしか救済を求めない民族だと、こういう方がおります。

でも、それは言い過ぎだと私は思います。孟子ぐらいになると、本当に救済は政治にしかないみたいな言い方になってきますけれども、これは中国人の考え方全部と言ってはいけないんじゃないかと思います。

荘子なんかですと、「神人《しんじん》は功無し」。神人は神の人ですね。中国人が神と言うときは、むしろ精神です。キリスト教の神を連想しちゃいけないですが、本当に精神的な人間は、つまり、それに徹した人というのは仕事をした後は一切残さないものだと、功績なんて残るはずがないんだと、これは『荘子』のはじめのほう（注：「逍遥遊篇《しょうようゆう》」）に出てくる言葉です。

それから、「聖人は名無し」（同）という。これはおもしろいんで、本当の聖人は名前なんかあるはずがないと。結局、名前が残っている人間はその人間が名誉士になったからだと。だいたいそういう意味なんですね。だから名前が残っているんだと。

ある意味で名をともなう、名誉とまでいっちゃいけないですが、自分を売りこむことで名をともなうことで、本当の聖人はそんな名をともなうことは一切しないんだと、こういう言い方をしているんですね。

『論語』から『老子』への意味

「自らに勝つ」日本人がよく使う、こういう言葉がありますね。これも老子と荘子が言った言葉なんで（注：たとえば『老子』第三十三章に「自ら勝つ者は強し」）、他人に勝つのはちっとも偉くない、自らに勝つものがいちばん偉い。いちばんたいへんな戦いだということを言っております。

じゃあ彼において自らに勝つとはどういう状態なのか。これは荘子の場合、本当におもしろいんで、「心はまことに死灰《しかい》のごとくならしむべし」（「斉物論篇《せいぶつろん》」）という言葉があります。死灰は死体を焼いた灰のことを言うわけで、お骨です。

人間生きている間にいろんなことで燃えあがる、燃えあがるのはよくないんであって、死んで灰になってしまえば、死んだ灰にそれはできない。人間の心はいつも死んだ灰のようにしておかなくてはいけないと。これが自らおこる、戦うことであって、この状態がいちばんいい状態だと言っています。

似たような言葉はずいぶんあります。「吾《われ》、我《われ》を喪《うしな》う」（同）。吾《われ》というのは、吾人《ごじん》（注：わたくし）の吾という字を書きます。我を喪うは、我という字を書きます。

これは明治ですと吾人という言い方をしましたね。吾が人と書いてわたしと読む。ああいうとき絶対に我人とは書かない。この吾と我というのは相当、意味が違います。

我が強いほうの我ですね、自意識と申しますか。だから自分というものの存在ないしは自意識というものを一切忘れたときに吾がある、自分があると。吾は我を失ったときに吾があって、我があると吾がなくなると、荘子はそう言っているわけです。

こういった考え方というのは、『荘子』の場合さらにこれが老子を敷衍して、もっともっといろんなことが書かれております。

有名な言葉、「朝三暮四《ちょうさんぼし》」（同）がありますね。これは結局、同じことを違ったように思っている、そういうのを笑った言葉で、サルを飼っていて茅《とち》の実を朝四つやって夜三つやったんですね。次の日、朝三つやって夜四つやろうと思ったら、三つしかないといって猿が怒ったと（注：結果は同じなのに表面的な利害にとらわれること）。

朝三暮四はそこから出てるわけですが、こういうのは人間にもある一つの状態というものを書いている。こういう点においては『荘子』のほうが量的にはるかに多いです。

さらに彼のおもしろい言葉は、「虎狼《ころう》は仁なり」（「天運篇」）です。虎狼のような人間はいちばん悪いという意味なんですが、トラやオオカミが仁であるというのです。

仁という概念を宇宙の秩序どおりに従っている、それが仁だというならば、トラやオオカミは宇宙の秩序どおりに従うよりほかに方法ないんで、あれははじめから仁だと、理屈で言うとそういうことになるんですね。

私はそのまま受け取って、なるほどそういう見方がある、もしもこれを使うとすれば、士大夫のように使うのがいちばんいいだろうと思います。だから家へ帰ったらもう『論語』その他は全部棚上げしまして、『老子』ばかり読んでいる。

こうするといちばんリラックスできる。中国の士大夫というのはたいへんな緊張を強《し》いられる支配階級の大臣から高級官僚ですから、そういう人たちは家へ帰るとこういうのを読んでいたんだと思うわけです。そういう記録もありますし、私はそのため、これは残ったんだなと、そう思っているわけです。

第四章　日本人への十二戒

一戒――「畏れ」の喪失は「文明」の喪失である

排除の論理が生まれる背景

あまり正月にふさわしい話題ではないが、年末に人びとを茫然とさせた事件といえば、「二浪の大学受験生の両親撲殺事件」（注：一九八〇年に起こった金属バットで両親を殴り殺した事件）であろう。

新聞に出ている「識者」の意見なるものも、歯切れがよかったとは思えない。またある週刊誌はこれを「何一つ『教訓』をもたらさなかった事件」と記《しる》している。

こういう事件が起こり、新聞で識者の評を見るたびに思うことは、「神を畏《おそ》れぬ行為」という言葉が未だかつて登場したことがない、ということである。

いや「神」でなくてもよい、何かへの「畏れ」がまったくないことへの批評さえないのである。

これはおそらく日本の識者には「畏れ」がなく、「畏れ」などという感情を持つものは識者の資格がないということなのかもしれない。

そして「畏れ」がないという点では、まことに皮肉なことに、犯人である青年も同じであり、犯行後の警察やマスコミなどに対する態度にもまったく「畏れ」がない。これはまさに「畏れ」なき時代の到来とでもいうべき状態であろう。

人間は長い間、自分を至上のものとは考えず、自分を拘束している絶対者が自分の上にあると信じ、それに対して「畏れ」を持つことを当然としていた。

これは文明が生みだした知恵であり、またこのとき「文明」が生まれたといってよいかもしれない。

人間を至上と考えれば自己が至上となり、自己が至上となれば自己の意に反するものは排除してよいことになる。そしてこの状態を「人倫（注：人として守るべき道）を知らぬ」野《や》蛮《ばん》と考えた点では、すべての文明は基本的に同じであった。

もちろんこのことは、何を絶対化し、何を畏れ、何を自己拘束の基本としたかが、同じだったということではない。

聖書の世界では「神との契約」が絶対化され、この契約を破ることに「畏れ」を感じていた。

一方、東洋、特に孔子においては、天の秩序が絶対化され、この秩序の中に包含《ほうがん》されている人間の、内発的な秩序が絶対化された。その点ではきわめて「自然法的」と言えるであろう。

渋沢栄一の土台

「忠孝」という言葉は戦後排除されたが、元来、「孝」は血縁原則、忠（義）は組織原則であって、この二語の意味は基本的に異なる。

そして中国人が絶対化したのは血縁原則のほうであることは、孟子の言葉にもあらわれているであろう。すなわち、理想的皇帝とされる舜《しゅん》の父が殺人を犯したならば、舜はどうしたであろうという質問への答えである。

子として父は処刑できず、理想的皇帝としては法は曲げられない。孟子は、そうなったら皇帝の位を捨て、すべてを捨て、父を負って人知れぬ海辺に逃れ、生涯、天下など忘れ、父との生活を楽しむべきと言っている。

こういった自然法的秩序は「父子の親、長幼の序、君臣の義、朋友《ほうゆう》の信」という形で表現されているが、渋沢栄一が、これが人間が秩序を学んで社会人になっていく順序だと解していたのは興味深い。

簡単に言えば、「父子の親」を知らない者は「朋友の信」も知らない。「朋友の信」さえわからない者には、「信用」はわからず、したがって信用制度の完備した新しい明治社会に生きていくことはできないと説いているのである。

これが明治における「和魂洋才」なのであろう。そして、彼の『論語講義』を読むと、日本の経済界の基礎を置いたこの人が明確に知っていたことは、「文明の基礎は絶対的な対象への畏れ」だということなのである。

「畏れ」の喪失は「文明」の喪失であることを、もう一度、思いめぐらしてみるのも無駄ではあるまい。

二戒──過ちを犯さぬために歴史を学べ

なぜ解決できなかったか

歴史上のさまざまな事件を振り返ると、「こんなわかり切ったことが、なぜ当時の人びとにはわからなかったのだろう」と思うこともあるし、「これをしなければ、誰が考えても破滅なのに、なぜやらなかったのだろう」と思うこともある。

だがそう思って現代を見ると「まてよ、我々も同じことをやっているのではないか」という気がする。

昔の人間が今の人間よりバカであったという証拠はないから、彼らの犯した過《あやま》ちを我々が犯しても不思議ではない。そして、そうならないために歴史を学ぶ、というのが中国人の歴史意識の一面であった。

司馬光《しばこう》の有名な史書『資治通鑑《しじつがん》』は、「治に資する通鑑《かがみ》」の意味である。

こんなことを考えながら、ふとフランス大革命を思った。大革命勃発の大きな原因の一つは国家財政の破綻《はたん》である。そして民衆はこれを国王政府と貴族、特に「浪費夫人」と仇名《あだな》されたマリー・アントワネット妃《ひ》の「無限の浪費」によると見た。

もちろん貧しい民衆は彼女のきらびやかさにそういう印象を持ったであろうし、それは最大の煽動《せんどう》のたねにはなり得たであろうが、一国の財政は一女性の浪費で破綻するわけではない。

浪費といえばルイ十四世のほうがはるかに上であったし、支出という面から見れば、ナポレオンの戦費ははるかにそれを上回っていたであろう。

問題は経済政策の破綻が国家財政に集約的にあらわれたということだから、これは浪費夫人を監禁してパンと水だけを与えたところで解決はできない。

問題は非常に簡単で、国庫への合法的収入より国庫からの合法的支出が多いという状態を、どのように解決するかだけである。

これは、収入をふやすか、支出を減らすか、それ以外に方法がないわけで、きわめて単純な、小学生でも解ける算術の問題である。

だが、これが解決できず大革命を誘発したのだから、考えてみれば少々不思議である。

財政破綻を救う道

だが、不思議といえば、今の日本も同じではなかろうか。一般消費税反対とともに、現代の「浪費夫人」糾弾《きゅうだん》のキャンペーンが展開され、官僚・公社・公団が槍玉《やりだま》にあげられた。

もちろんそれはそれで結構だが、問題はそれらの支出はすべて「非合法的支出」であり、国庫が潤沢《じゅんたく》であろうとなかろうと、糾弾されて当然なのである。

ではそれらの「非合法的支出」が一掃されれば、現在の財政問題は解決できるのであろうか。できないことは、実は誰でも知っており、それは「浪費夫人」を監禁してパンと水だけを与えても、当時のフランスの財政破綻が救えなかったのと同じである。

もちろん「非合法的支出」への糾弾は徹底的におこなってよいし、おこなわれねばならない。しかしそのことと、財政の再建とは別の問題であることもはっきり認識しておかねばならない。

国庫からの合法的支出が国庫への合法的収入を上回れば、それを是正《ぜせい》する方法は一つしかない。一方で支出を減らし、一方で収入をふやすということである。

そんなことは誰にでもわかっている。だが、このわかっていることが実施できずに、ずるずると破綻までいった例が過去にある。前車の轍《てつ》を踏まぬために何をなすべきなのか。その解答も出ている。

歴史とは常に『資治通鑑』であろう。

三戒――条件反射的日本のマスコミを信用するなかれ

筋書きに織りこまれたマスコミ

パブロフの条件反射は、今さら説明するまでもないと思うが、ベルを鳴らしながら犬に食物を与え、これを習慣化すると、食物を与えなくても、ベルを鳴らしさえすれば犬が胃液を分泌するという実験に基づいている。

生物にはすべてこのような機能があるのであろうが、政治上の問題まで条件反射的になるのは少々困りものである。というのは、ベルを鳴らせば胃液が出ることは、犬にとっては無益なことだが、ある種の徴候さえ示せば日本人は、否《いな》少なくとも日本のマスコミは条件反射的にある種の行動に出ると決まっていることも、日本にとって無益のことだからである。

というのは、日本のマスコミの条件反射を把握していれば、慎重な筋書きである種の反応を継続的に起こさせて、それによって日本をある状態に陥《おとしい》れることが可能だからである。

そうならない場合でも、「ああいう事件には日本のマスコミはこういう条件反射を起こすに決まっている」とわかっていれば、それを自国に反映させて世論操作をおこなうことも可能であり、日本がうまいぐあいに利用されることもあるであろう。

ふと、こういうことを感じたのは、金大中《キム・デジュン》事件（注：韓国の民主活動家でのちに大統領になる金大中が韓国中央情報部により日本で拉致される）である。先方にはじめから筋書きがあり、その筋書きどおりに事を運んだのであろうが、その中には日本のマスコミの条件反射も組みこまれていたであろう。

まず一審での死刑判決だが、そうなれば日本のマスコミも左も「金大中を救え」の絶叫になるに決まっている。

それをそのまま韓国に反映させる。そうなると金大中は、北との国交回復を主張し、これに招待されている日本の左とマスコミに支持された外勢派だということになる。

「感情国家」の操作法

日本のマスコミのこの反応はまさに条件反射的であり、「金大中」と言いさえすればベルの音を耳にした犬のように、ある種の反応を起こすに決まっているから、先方はそれを計算に入れて最大限に利用することができる。

今回も、国内的には百パーセント利用したであろう。その後で特別に減刑し、さらに「近くアメリカ亡命」などという報道を流せば、胃液は出たが実態はないと同じような状態にされて、日本側の運動も急速にさめてしまう。そこへ「南北対談」を提唱する。北が拒絶する。こうなると「さめる」を通り越して「シラケ」るになる。

国交の調整はその上でまずアメリカ、日本はそれからでよいわけである。

矢野暢《やのとおる》教授（注：政治学者）は、アメリカを「心理国家」と規定されたが、日本はおそらく「感情国家」であり、戦前も近衛《このえ》首相（注：近衛文麿《ふみまろ》）は常に日本の外交に「感情論」が多いことを嘆いていた。そしておもしろいことにマスコミはこれを常に当然として、戦前も戦後も「国民感情を無視して……」と政府を批判している。

これは「感情国家」であることを是認《ぜにん》し、感情国家たれと言っているようなものであろう。

さてこの「感情国家」と「条件反射的マスコミ」が一体化するとどうなるであろうか。日本の国民感情を、一定の筋書きの下に条件反射的に操作することが可能になるのである。これは相当に恐ろしいことと言わねばならない。

韓国は日本をよく知っている。知っているがゆえに日本の国民感情を操作する方法も知っているであろう。他の国はそれほどまでに日本のことを知らないから「国民感情を逆撫《さかな》で」するようなことを「筋書き」なしでおこなうこともある。

しかし今に彼らも、日本の国民感情を操作する方法を知るであろう。これは相当に危険なことと言わねばなるまい。

四戒――日本人は欧米人と「同じでない」ことを知れ

「空気」はあっという間に転換する

日本における「世論」というよりむしろ論壇とマスコミの「空気」は驚くべき早さで転換する。

最近まで議論の中心の感があった日本特殊論が一転して、日本普遍論とでも言うべきものが出てきた。いわば日本と欧米とは普遍的共通性を持ち、ともに近代国家・近代社会であって、その中で「日本特殊論」を展開するのは百害あって一利ない、という主張である。

これは日本特殊論にブレーキをかけるという点では意味があるかもしれないが、現代の「近代化日本」の文化が他の先進国文化と完全に同じであるという考え方も、主張も、また問題であろう。これには参考にすべき先例がある。

というのは、自らの文化が西欧先進国と同じか否かは、実は、一九世紀以来ユダヤ人の間で延々と論じつづけられてきた問題なのである。

前世紀の終わり、テオドール・ヘルツェルが有名な『ユダヤ人国家』を発表したとき、これへの強い反対がユダヤ人の中で、特に西欧のユダヤ人の中で起こった。

その論旨は簡単に言えば、「われわれはユダヤ教徒であるが、二千年にわたって西欧文化の中に生き、その形成に参画し、それぞれの国の国民であり、その点ではヨーロッパ人と同じである。したがって『ユダヤ人特殊論↓ユダヤ人国家の創設』といった考え方は有害であり、それは差別を生むだけである」といった議論である。

事実、彼らはまじめな国民として義務をつくし、第一次世界大戦におけるドイツ系ユダヤ人の戦死率は、一般ドイツ人の戦死率よりはるかに高かった。いわば「同じヨーロッパ人」と認められようとして、多額の代償を払ったのである。だがその結果、彼らが何を得たかは、今では明らかである。

「人間として同じ」は通じない

「西欧と同じです、別に変わりません」とこちらが一方的に主張しても、彼らがそれを認めるとは限らない。

ユダヤ人の場合は、それぞれ属する国の言葉を話し、外見的にはその国の人と区別がつかない人がほとんどで、しかも旧約聖書という基本的な正典に戻ればこれは同じである。そして彼らの多くは、キリスト教が支配勢力になる以前からヨーロッパに住んでいた。

さらに啓蒙主義的普遍主義が出てくると、「キリスト教徒である前にまず人間であり、ユダヤ教徒はユダヤ教徒である前にまず人間である」という考え方がキリスト教徒の側にも出てきたので、「人間として同じ」――といってもこの場合は「西欧文化的人間として……」だが――という面を極力強調すべきだという普遍主義的発想がユダヤ人の側からも強く出てきて当然である。

これは一見まことに合理的で、この合理的主張には反論の余地がない。しかし現実の歴史はその発想が当然に招来する方向には進まなかった。なぜか。

これはその後もしばしば論じられた問題で、別の機会に論じたいと思うが、いずれにせよ、日本と違ってさらに親密で、類縁関係にある彼らですら「欧米と同じ」論を欧米に了解させることはできなかった。

我々と欧米との違いは、ユダヤと欧米との違いの比ではない。彼らはこの「同じでない」日本人の近代化を問題にしているのであり、それに対して「同じです」などという返答は、実はなんの意味も持ち得ない。

こういう主張の日本国内だけへの主張は、戒《いまし》むべきであろう。

五戒――「貧すりゃ鈍する」ことを覚悟せよ

貧の沼地に落ちこむカラクリ

「貧すりゃ鈍する」という俗諺《ぞくげん》がある。これを字義どおりに解すれば「貧乏をすると頭脳まで鈍感になる」ということであろう。

しかしおもしろいことに、貧しさこそ意欲と敏感さの根元といった考え方もあり、最近の若者の無気力を嘆いて、「ハングリーでなくなったからな……」と話す向きもある。これでは「飲食すりゃ鈍する」になってしまう。

だが、この二つの見方は矛盾《むじゅん》していないであろう。一方はすでに富める者が貧しくなっていくときの状態であり、もう一方は、はじめから貧しい者がそれを克服していくときの状態である。

そして「ハングリーでなくなったから……」は、日本人全員がほぼ、すでにハングリーの状態ではないということであり、そうなると、これから日本人が陥《おちい》り得る危険は、だいたいにおいて「貧すりゃ鈍する」のほうだと考えてよいであろう。

では一体、なぜ「貧すりゃ鈍する」のであろうか。それは簡単に言えば、過去を現在にもってきてイリュージョンを構成するため、現実が正確に把握できなくなるからである。

イリュージョンは、幻覚・錯覚などと訳されるが、それはファンタジーと違って、空想の中に「現実の断片」をはめこみ、それによって空想を現実と誤認する状態だという。そしてその「現実の断片」が自己の過去の体験で裏打ちされている場合は、ますます現実らしく見えるから、本人にはそれが自己の空想とは思えなくなる。

そのため、その人にとってはイリュージョンが疑うべからざる現実になり、それを現実と思って判断を下すから、絶えず判断を誤って、ますます貧の沼地に落ちこんでしまう。

それを傍《かたわ》らで眺めていると、「あの人に、あんなわかり切ったことが、わからなくなったのか！」という驚きになり、その驚きが「貧すりゃ鈍する」という感じになるのである。

このことは有名出版社をやめて独立した社員や、脱サラに失敗した人や、倒産した企業の役員などを見るとよくわかる。

特に日本は「礼」の社会であり、「手のひらをかえした」ような態度を自ら恥《は》じる点もあるので、昨日と同じようにその人を遇する。

それはあくまでも現実であるから、その現実の断片を空想にはめこむと、社会は、かつての地位にいたときと同様に自分を遇してくれていると思いこむ。そしてその思いこみを基にして計画をたて、ことごとく失敗していくわけである。

金持ち国の危惧

日本全体が今や世界で珍しい金持ち国になった。「国民一人当たりでは世界の十六位（注：一九八一年時点）などという、これを否定するような意見もあるが、「富の平均化」という面を見ていけば、「平均的収入世界一」ではないかと思われる。

そして、これに応じた国際的地位におり、今の若い人などはそれを当然のことと思っている。

だが、この地位は、あくまでも現在の日本の経済的な実力の反映であり、この実力が失われれば当然に失われる。

我々は終戦直後の「国際的にまったく無視され、昨日までの敵国として敵視・蔑視《べっし》された時代」を知っているが、今の若い人はもう、そういう時代のあったことを空想もできない。

この状態で日本の経済地位にややかげりが出てきたらどうなるであろうか。おそらく「貧すりゃ鈍する」を起こすであろう。そうなれば逆に、その状態から脱却できなくなる。今のうちに、そのことを考え、教育的対策を怠《おこた》るべきではあるまい。

六戒――「人望」なき者は指導者になれぬ

リーダーに不可欠な要素

日本という社会は組織的社会ではない。これは戦後民主制の時代になっても同じである。というのは「制度」は「社会」そのものではないから、制度の変化は社会の変化にはならないからである。

この点、「戦後民主主義社会」とはきわめて奇妙な言葉だと言わねばならない。組織的社会でないということは、その社会の真のリーダーは、必ずしもその組織的位置によって決まるものでなく、またその選出は必ずしも組織的原理に基づいておこなわれるわけでもないことである。

たとえ、形式的手続きがそのようにおこなわれても、その形式が実態だとは誰も信じていない場合が多い。

それでいて、日本の社会は大小さまざまの機能集団があり、その中に階層的序列があって、それに基づいて諸外国の組織よりもはるかに機能的に活動していることは否定できない。

では、その中の大小さまざまのリーダーは、何によって人びとをリードしているのか。その要素を探ってみると、さまざまな要素の中の不可欠な一要素が「人望」という不思議なものであることがわかる。

「あの人は実に能力があるんだが、どうも人望がなくてね」——これは政財界を問わず、会社や団体の中でもしばしば口にされる言葉なのだが、では、この一見決定的とも思われる「人望」なるものは何なのか、どういう規範を持てば、それが「人望がある状態」を招来し、もしそれを持たなければ「人望がない状態」を招来するのか、明らかでない。

答えは『論語』の中にある

一体「人望学」といったものは成り立つのであろうか。前にこのようなことを考えて、政治家を材料に少々調査をしてみたことがあった。

私がそこで指摘したのは『論語』である。なにしろこの本は、伝説によれば『千字文《せんじもん》』とともに渡来した日本最古の本であり、それ以来延々と読みつがれて、戦後も決して途絶えていない。

私などは昭和六年（一九三一年）版の簡野《かんの》道明《みちあき》『論語解義』で読み、それは焼失したが、ある日神田の古本屋で発見したので懐《なつか》しくて何気なく購入し、後で奥付を見ると、なんと昭和三十二年（一九五七年）刊の五十一刷なのである。

終戦というあの大変動を経ながら、この『論語解義』が延々と読みつづけられたことは興味深い。そして最近はまた新しい論語の解説書や注解書が続々と出ている。

『論語』がなぜこのように読みつづけられてきたかの理由はひとまず措《お》くが、これが、日本人の日常的倫理規範の多くの部分を形成してきたことは否定できない。

ということは『論語』の「君子」の規定、もしくは孔子自身の言行を自らの規範としている人は、日本人の日常的倫理的規範に適合している人間だということであり、そういう人が社会的に信頼され、それによって人望を得、リーダーになっていって不思議でないということである。

いずれの国にもこのような伝統的規範はあり、社会の秩序はそれによって成り立っている。日本もその例外ではない。ただ現在の日本は、それでいながら、それが何であり、どのような内容であるかを教えようとせず、知ろうともしないことに問題があるであろう。

『論語』の再読をおすすめする。

七戒——「騒ぎ」「ケロッ」の繰り返しに気を奪われるな

新聞がやってきたこと

旅先のホテルにまで新聞社の電話が追っかけてきて「ライシャワー発言とミッドウェー横須賀寄港」（注：米艦船は核積載のまま日本に寄港しているという、ライシャワー元駐日アメリカ大使の発言）についてコメントをいただきたい、という。「忙しいから」と断ったが、理由は「忙しい」だけではなかった。

いちばん大きな理由は「例によって例のごとく、ひと騒ぎしてケロッと忘れてしまう問題だろうな」と感じたからである。確かに「核と国際関係」は重要なテーマであろうが、それを解析することは「騒ぎ」とは関係がない。

というと、何やらもっともらしいが、そのときの「感じ」を率直に言えば、もっともらしいコメントも、騒ぎのあとの「ケロッとした時期」に読むとまことに白々しく、言っている人間までが少々、俗に言う「オッチョコチョイ」に見えてしまう。そういう状態に、自分がなりたくないということである。

この「騒ぎ」「ケロッ」はあらゆる問題について、実に何回となく繰り返されてきた現象なのである。

そして「騒ぎ」の真最中には、まるで存亡の危機が来て、戦争か平和かの選択を迫られているような調子なのだが、少したつとその騒ぎも、そのときのさまざまな発言もケロッと忘れられ、新聞はまた別の騒ぎのたねを探し、また同じようなことをおこなうという形になっている。

過去の新聞をぱらぱらとめくっていると、新聞とはつまり「騒ぎ」「ケロッ」「騒ぎ」「ケロッ」の繰り返しにすぎないという気がしてくる。

正確に情報を獲得する方法

ところが、どう見てもそれは社会の本当の動きとは無関係だし、また各人の内心の潜在的欲求とも一致していないのである。

たとえば六〇年安保のときの日本人の潜在的欲求は「月給が二倍になったらなあ」であり、社会の本当の動きは経済成長を目指していた。

これを的確につかんだのが池田《いけだ》勇人《はやと》氏とそのブレーンで「所得倍増・経済成長」へと一国の進路を大きく転換させた。

しかし当時の新聞を見ると、池田内閣がこの政策を打ちだすまで、この社会の動向と各人の潜在的欲求とを正確に報じているものは皆無《かいむ》なのである。そしてアンポという「騒ぎ」と「ケロッ」のみが紙面から感じられるにすぎない。

この点新聞は、本当に社会を知ることを逆に阻害しているわけで、この実態は今も少しも変わりはない。したがって「同盟問題・ライシャワー発言・ミッドウェー寄港」という「騒ぎ」は実は社会とは無関係であって、これに気を奪われると逆に社会がわからなくなるという状態を現出してしまう。

だが、私のような小企業主でも、企業そのものは社会の実態に直接に接触し、これと相対応していなければ存続し得ない。

簡単に言えば、本当の社会の動向と各人の潜在的欲望とを正しく把握しない限り、的確には経営していけないわけである。

そして現在でも我々は、昔と同様、それを直接的情報——俗にいう「肌で知る」と「カン」に頼っており、その情報を過去の経験で分析して対応しているわけである。そしてこの状態に関する限り「昔のまま」という面が残っている。

ただ、昔は情報がそれだけであった。したがって迷うことはなかった。しかし今では膨大な間接情報の洪水があって、しかもそれが「騒ぎ」「ケロッ」なのである。したがってどうしてもそちらへ注意を奪われる。

変な話だが、そうならないことが、現代では正確に情報を獲得する方法なのである。

八戒――「条約の文言」に無関心すぎないか

欧米人の契約、日本人の約束

日本人には「契約」という概念がないといわれる。これに対して「とんでもない。武士の言葉に二言はなく、江戸時代の町人は必ず約束を守った、一体それでなぜ日本人に『契約という概念《コンセプト》』がないといえるのか」という反論が必ずある。

では一体、欧米人の「契約」と日本人の「約束」とは、どこが違うのか。

グレゴリー・クラーク氏（注：日本在住の「日本人論」の論客）は「契約は法ですが約束はそうではありません」と言われ、この定義はまさに正しいのだが、契約が法であるということが、また、日本人にピンとは来ない。

この場合の「法」とは、たとえ人びとの約束から析出されても、その約束した人びとを超越して両者を拘束するものの意味だが、このような発想は確かに我々にはないのである。

例をあげよう。今でも英国皇太子はプリンス・オブ・ウェールズという。これはエドワード一世がウェールズを征服したとき、その統治に服さなかったウェールズの人びとに次の提案をしたことに始まる。

「余はウェールズを征服したが、しかし余は汝《なんじ》らに、英語が一言もしゃべれず、ウェールズ生まれで、しかもきわめて素性の正しい者をおまえたちの君主にしようと思う。おまえたちはこの提案に賛成か反対か」と。

ウェールズ人は大賛成、そこでウェールズの議会は満場一致でこの提案を受諾し、それを可決して法とした。そこでエドワード一世は、ともなってきた王妃から生まれたばかりの子どもをウェールズに差しあげて、これをプリンス・オブ・ウェールズに任命した。

「契約条項」から見ると、確かに㈠英語は一言もしゃべれず、㈡ウェールズ生まれ、㈢きわめて素性が正しい、の三条件が成り立つ。

そこで、議会はこのプリンス・オブ・ウェールズに忠誠を宣誓し、その結果ウェールズは実質的に英国の一領土になってしまった。

「ペテンにかけられた」とは言えない

これが彼らの「契約という概念」であり、「あれ、そんなこととは思わなかった。こりゃペテンにかけられた。オレはそんなペテンには絶対に納得できない」とは言えないのである。したがって契約に違反すれば違反したほうが悪いのである。

そして契約を順守したか、違反したかの判定は、一にその「契約の文言」に基づくわけで、それ以外の条件を持ちだして反対することは許されない。これが契約なのである。

「契約とは法である」ということは、条約もまた、それを締結した両国にとっては「法」であり、条約を順守したか、条約に違反したかは一にその「条約の文言」だけによるのであって、他の要素が入りこむ余地はない。

それは、それを締結したときのいきさつが、エドワード一世とウェールズの民との関係とまったく同じであっても、いわば「そんなはずではなかった」と思っても、それによって条約そのものは左右されない。

過去における日本の新聞世論の「条約の扱い方」を見ていくと、それはまことに「伝統的」であって、ウェールズの民のような行き方と非常に違うという事実は否定できない。と同時に「条約の文言」には常に無関心・無神経なのである。

「アンポ」「アンポ」と言いながら、日米安全保障条約と北大西洋条約がどう違うかなどということには、マスコミはまったく無関心なのが現状である。

「契約」をもう一度考え直してみることも無駄ではあるまい。

九戒――「理性」を無視する「感情国家」に未来ありや

なぜ「感情」に流されるのか

『重臣たちの昭和史』を読み、また著者の勝田龍夫《しょうだたつお》さんと話をする機会があり、当時の自分の体験なども思い起こしながら、さまざまなことを考えた。

まず本書を読み、その中に記されている言動から、将来への見通しが最も確かであったのが㈠天皇、㈡西園寺公望《さいおんじきんもち》、㈢幣原喜重郎《しではらきじゅうろう》、㈣米内光政《よないみつまさ》、㈤宇垣一成《うがきかずしげ》であり、この点では勝田さんと私の意見は一致した。

問題は、この人びとはみな最も枢要《すうよう》な位置におり、その人がみな正しい見通しを持っていながら、なぜそれが現実の政策にならなかったか。この人たちが名目的には「権力の頂上」にいながら、実質的にはなぜ無力であったのか。問題はここにあるであろう。

一言で言えばこの人たち、特に西園寺公は「国家理性の体現者」をもって自ら任じており、そしてまさにそのとおりの存在なのである。

これが一方の主役とすると、この著書の背後には隠れたもう一人の主役がいる。それが

「国民感情」という、はなはだつかみにくいしろもので、それを代表するのが軍部なのである。

しかし軍部にも、たとえば多田駿《ただはやお》参謀次長のように、「中国無条件撤兵論」を展開した人もいる。しかしそういう際にこれを潰《つぶ》してしまうのは、常に無名の発言なのである。

もちろん発言者の名はわかっているが、彼は、明確な見通しの下に自ら反論しているのではなく、「部下が抑えられない」とか「国民が納得しない」といった主張があるだけ、いわば無名化の総合的代弁者にすぎず、「自分の意見」は存在しない。

そしてこの「抑えられない」「納得しない」という言葉は「感情的爆発から何が起こるかわからない」の意味であり、したがってここで考慮されているのは感情だけである。そのためすべては「国民感情の充足」の方向へと進み、その「充足」が「正義」とされる。

いわば、ここでは「感情の充足は決して正義ではない」という原則さえ無視されている。

そしてこの前に、「国家理性」は徐々に抵抗力を失っていき、最終的にはすべてが「感情」に流されてしまう。

そのことは真珠湾攻撃のときの「暗雲一気に晴れて……」に示されている。

いわば、もやもやしたものが吹っきれて、スカーッとした心理状態、すなわち自己の感情が完全に充足された満足感である。ただこの「感情の充足」の代価は高かった。

国家理性と国民感情の対話

西園寺公に問題があったとすれば、マスコミの徐々なる発展とともに、それに激発される国民感情なるものが政治に大きく作用してくるという時代を認識していなかったことかもしれない。否、公自身はそのことを知り、しばしば自分にはもう世の中が理解できなくなったと言っている。

かつては国家理性の体現者をもって任じている人びとの討論で政策は決定され、民衆が騒いでも無視すればよかった。

しかし、すでにそういう時代ではなくなった。だが、国家理性が、どのようにして国民感情と対話するかといった方法論を、公は持っていなかった。

だが、今でも「国民感情を無視し……」は新聞に非難の言葉として出てくるが、しかし「国家理性を無視し……」という非難が新聞に出ることはない——感情国家に未来ありや、これはおもしろい問題だが、以上のことは、経営の自戒にもなり得るはずである。

十戒――「経済」が主で「政治」は従の原油法則

予測を誤らない見方

「石油は、いずれバレル百ドルになる」と信じられていた時代があった。だがそれが「石油は、いずれバレル三十ドルを割る時代が来る」が信じられる時代となった。

だが、短期間に百ドルになると言われたり、三十ドルを割ると言われたりすると、これらの情報は少々信用しにくい気がする。

そこで、ここでは、なぜ、このように予測が大きく一転したかを検討してみよう。

バレル百ドル説の基本は、「石油という商品はすでに経済的商品でなく、政治的商品である、OPEC（注：石油輸出国機構）という『全地球的独占カルテル』が、政治的要請に基づいて自由にその価格を操作し得る。したがって、もし必要があれば、彼らはそれをバレル百ドルにもなし得る」という前提に基づいている。

一方、バレル三十ドル説の基本は、「石油はエネルギー源の一つにすぎず、原子力・石炭という競争相手がおり、さらに産油国の中にOPECとNOPEC（注：非OPEC石油輸出国）があって競合しているから、一見、『全地球的独占カルテル』のように見えるのは、先進消費国のエネルギー転換が終わるまでの短期間の現象にすぎず、いずれはカロリーあたりの単価は石炭とのバランスをとるようになる」という前提に基づいている。

簡単に言えば、一方は「政治」に重点を置いた見方であり、一方は「経済」に重点を置いた見方である。

こういう場合、どの見方を正しいとすべきであろうか。私はだいたい「経主政従」という見方をすれば、予測を誤らないであろうと思っている。

日本の先行きを知る重要な指標

現在においてすら、そして日本のように高い運賃を払って海外炭を輸入している国ですら、カロリーあたりの炭価は実に石油の二分の一である。そうなると、純経済的に見れば石油はバレル二十ドルになっても不思議ではない。

しかし、そのように単純に経済原則どおりにはならず、政治原則も加味されるから、単純計算のとおりにはいかないであろう——という見方をすればよいと思う。

これは当たり前のことかもしれない。しかし日本の新聞報道は、いわば自由主義圏に対しては「経済原則」のみという見方をして、これへの「政治性」は見まいとする。

一方、共産圏や後進的独裁国に対しては「政治性」のみという見方をして、それらの国々でも経済原則は強く作用するという現実を無視するという態度になっている。

過去における中国の「大躍進」や「文革（注：文化大革命）下の大増産」といった報道は、これにあたるであろう。またアメリカに対しては、誰が大統領になって、どのような政策を実施しようと、その「政治性」が経済に作用することはないという見方になっている。

これが明確に出てくるのが「バレル百ドル・バレル三十ドル」の違いである。百ドルはもっぱら産油国の政治性、三十ドルはもっぱら消費国である自由主義圏の経済性を基にした見方である。

石油価格だけでなく、あらゆる原料の価格は、日本の先行きを知るための重要な指標である。

それは円高・円安に連動して企業活動から日々の生活にまで作用してくる。したがって、「経主政従」という原則は常に心にとどめ、同時に報道のその原則どおりか否《いな》かを常に念頭に置くべきであろう。

十一戒――時は常に有利に作用してくれるとは限らない

私自身の戦争体験

時間は使っても使わなくても過ぎていくものである。だがしかし、人間はすべての時間を力の限り根限《こん》り（注：根気の続く限り）有効に使うことはできないし、またそのように使ったからといって目的が達成できるわけではない。

そのよい例が太平洋戦争である。私自身、一少尉として比島（注：フィリピン）の前線にいたわけだが、私自身の人生においてこれくらい、一分も無駄にせず働きつづけたことはなかった。

なにしろ砲煙弾雨の中だから、すべてのことに即座に対応しなければならず、一瞬の油断も死に直結する。字義どおりの不眠不休、食事の時間さえない。そしてそれは私だけでなく、私の周囲のすべての人がそうであった。だが、それらはすべて無駄であった。

戦後によく、生き残ったかつての戦友と、「あれくらい働けば、誰でも成功するだろうな」とか、「いや、体が一年ももたないよ」などと言ったものである。

だが今、振り返ってみると、戦場同様とは言えないまでも、「戦場のことを思えば何でもないよ」と働きつづけた者が、みな、それぞれ目指した目的を達成したとは言いがたい。もちろん個人的な不運もあり、病気という問題もある。しかし、それらを差し引いても、努力の総計がそのままその人の成功の度合いを示していないことは確かである。

すべてを御破算にしてやり直す勇気も

このことは一つの教訓を我々に与えてくれる。いわば「時の経過」が自分に味方してくれるか否《いな》かは、戦時であれ平時であれ、目的に到達し得るか否かの、簡単に言えば成功するか否かの、最も重要な要素だということである。

太平洋戦争とは「時がたてば」自動的にアメリカに有利になり、日本に不利になる戦争であった。このことは山本五十六《やまもといそろく》の「最初の一年半は……」に端的にあらわれている。

このことは連合国軍側にもわかっていたはずであり、したがって一、二年、日本軍に自由にあばれさせておいても、よかったわけである。

いわば放置をしておけば、時の経過とともに自己が有利になっていくような仕掛けをしておけば、あとは黙って見ていてもよかった。特にミッドウェー海戦以降は、黙って通商破壊だけやっていても、日本は自滅せざるを得ない状態に追いこまれていたのであろう。

そして、我々の超人的な努力とは、時とともに不利になっていく状態を何とかして支えていこうという努力にすぎなかったわけで、その努力は文字どおり水の泡だった。

そして戦後に異常な努力をしながらうまくいかなかった者も、やはり同じであった。だが、その中に入ってしまうと、自らの悲壮な努力に自らが酔ってしまうこともあれば、それまで投入した自己の努力が惜しくて、一切を捨てて方向転換することは、なかなかできにくくなることもまた事実なのである。

時の経過がそのまま自己に有利に作用してくる設定をし、かつ努力する――このタイプが最も成功しているが、もう一つは、設定を誤ったと知った瞬間、また、時が不利に作用しはじめたと知った瞬間、すべてを御破算にしてやり直す勇気を持っていることも重要であろう。人間は必ず過《あやま》ちを犯すものだし、時は常に有利に作用してくれるとは限らないからである。

自戒すべきことであろう。

十二戒――「戒」なき日本の社会にも「信」はある

「法」と「倫理観」の乖離

さて「十二戒」という言葉は、おそらく編集者がモーセの十戒から連想されたのであろう。だがモーセの場合の「戒」と、現代の日本における「戒」とは基本的に違った面があると思われる。

いわば旧約聖書の「律法《トーラー》」は法と道徳と生活規範とが同一原理から出ており、したがって各人の道徳観と法に基づく処断（注：決定し処理する）の間に、極端な齟齬《そご》は生じない。

しかし日本の場合は、道徳観は伝統的で法のほうは欧米から輸入した継受法（注：他国の法制度をとり入れて制定された法）だから、そこにある種の齟齬が生じ、法的に言っても、また契約上から言っても、何の問題もないはずの行為が、極端な「不道徳」としてマスコミの総攻撃を受ける場合もある。巨人の江川投手の場合もその一例であろう（注：プロ入り時の江川事件）。

だが人が常にマスコミの言いなりになっているかというと、必ずしもそうではない。

たとえばある週刊誌に次のようなおもしろい投書が載っていた。「伊藤素子《いとうもとこ》（注：一九八一年、三和銀行オンライン詐欺事件を起こした女性行員）はつかまったけど悪の匂いはしない。だが『社会正義』の榎本三恵子《えのもとみえこ》（注：ロッキード事件で田中角栄を有罪に追いこんだ元秘書、榎本敏夫の妻）は何となく悪の匂いがする」と。

もちろんこの「悪」は「法的」ではないが、庶民の倫理的嗅覚にはすぐに何かが匂ってくるのである。

このことは我々の社会では「法」と「倫理観」の間に大きな乖離《かいり》があることを示しており、その人の行動が完全に合法的、マスコミで英雄視されても、必ずしもその人を社会が信用するとは限らないことを示している。

『論語』のものさし

社会的信頼を失えば、その人がいかに「法的に」正しくても、日本の中のノーマルな社会で生きていくことはむずかしい。

いずれの社会であれノーマルな社会は、ある種の倫理観に基づく「信」を基本とするが、これは、どのようなタイプの人を我々は信頼しているか、また「この人を信頼し得るか否か」をどういう点で判断しているかということなのである。

これに関して『論語』の中に次のようなおもしろい言葉がある。

「曽子《そうし》曰《いわ》く、以《もっ》て六尺《りくせき》の孤《こ》を託すべく、以て百里の命《めい》を寄すべく、大節に臨《のぞ》みて奪うべからざるや、君子人か、君子人なり」（「泰伯《たいはく》第八」190）

この中で最もおもしろいのはその冒頭の「六尺の孤を託すべく」である。いわば、もし自分が、まだ少年である一人子を残して世を去っていかねばならぬような状態になったら、その一人子を誰に託していくか。今、自分の頭の中に、自分の周囲の人びとを思い浮かべて、その中から選択してみればよい。その人がおそらく、いちばん信頼に値する人なのである。

これが有名な「託孤寄命章」だが、人を見るとき「この人は、孤児となった自分の子を託せるであろうか」と考えつつその人に対すれば、人を見損なうことはまずないと言ってよい。さらにその上、事業を託すことができ、危急のときに動揺しない人なら理想的であり、そういう人なら裏切られることはあり得ない、ということである。

厳密な意味で「戒律」がなく、人間相互の信頼関係で成立している日本の社会では、「戒律」は以上のような形で把握すべきで、決して「モーセの十戒」のような形で把握すべきではない。

これが我々の「戒」の基本であろう。「託孤寄命章」で前述の二女性を判断すると、なぜあのような投書が出てきたかが、ある程度理解できる。

おわりに――渋沢栄一が熱中した『論語』

渋沢栄一は生涯『論語』を読みつづけ、また自ら『論語と算盤《そろばん》』や『論語講義』などの著作を執筆するほど『論語』に熱中しました。

それは彼が、日本が「礼楽社会《れいがくしゃかい》」であり、信を絶対の基本にしていることを知っており、したがって、その中で企業を経営する最高の指針は『論語』であると考えたからだと思います。

日本の企業が非常に〝論語的〟であることを示す材料は他にもあります。たとえば、人間に対する評価もその一つでしょう。孔子が認めなかったタイプの人間は、現代の企業でも受け入れられないのです。

『論語』に次のような一章があります。

「子貢《しこう》曰《いわ》く、君子もまた悪《にく》むことあるかと。子曰く、悪むことあり。人の悪を称する者を悪む。下流に居《い》て上を訕《そし》る者を悪む。勇にして礼なき者を悪む。果敢にして窒《ふさ》がる者を悪む」

（「陽貨《ようか》第十七」458）

――子貢がたずねた。「君子でも人を悪《にく》むことがあるでしょうか」。孔子は答えて言った。「それはある。人の欠点を言いふらす者を悪む。その人の下にいて上役を悪く言う者を悪む。蛮勇《ばんゆう》を振るう礼儀知らずを悪む。決断力はあるが道理のわからぬ者を悪む」と――。その後で、今度は孔子が弟子に「では子貢よ、おまえにも悪むことがあるかな」とたずねる。すると、子貢はこう答えるのです。「あります。人の言うことを先取りして知者であるような顔をする者を悪みます。傲慢な態度を勇気ある証拠だとする者を悪みます。人のことをあばき立てて、自分が正しい者であるかのような顔をする者を悪みます」

確かに、孔子や子貢に悪まれるようなことをやったとしたら、日本の会社はまず置いてくれません。さらに、孔子はこうも言っています。

「子曰く、色厲《いろれい》にして内荏《うちじん》なるは、諸《これ》を小人に譬《たと》うれば、それなお穿窬《せんゆ》の盗《とう》のごときかと」（「陽貨第十七」446）

――顔色や態度だけはお高く構えているが、内心は気の小さなびくびく者は、これを小人にたとえると、びくびくしながら壁に穴をあけたり、塀《へい》を乗り越えたりしているこそどろのようなものだ――。

尊大な顔をした臆病者、これも企業が非常に嫌うタイプの人間です。また孔子は、さもしい人間とは同僚になれないと指摘している。

「さもしい者を同僚として君に事《つか》えることはできない。地位を得ないと、何とかそれを手に入れようとして手段を選ばないし、柄にもなく地位を得ると、今度はそれにしがみつく。そして、それを失いそうになると、手段を選ばず、どんなことでもやりかねないからだ」というわけです。

しかしよく考えてみれば、人間誰しも欠点を持っている。そこで孔子は「欠点のない常識的な人間を見つけて仲間になることができなかったら、つむじ曲がりか潔癖屋を探すことだ。つむじ曲がりは勉強するものだし、潔癖屋は欲望のために誘惑されることがない」と言っています。

ごく単純に言えば、癖はあるけれども信頼できる人間、ということになるでしょう。潔癖だがつむじ曲がりでなく、筋を通すが角がなく、正直だがお人よしでない――これが、孔子にとっての理想の人間です。

しかし、こうした人間はそう滅多にいるものではありません。どうしても偏僻《へんぺき》がある。そして孔子は、人間が持つ偏僻として「狂《きょう》」「矜《きょう》」「愚《ぐ》」という三つを挙げている。「潔癖だがつむじ曲がり」が狂で、「筋は通すけれども角がある」人間が矜、そして「正直だがお人よし」というのが愚です。

しかし、孔子はこうした人間を悪《にく》んではいない。それはそれで友にできると考えたのです。

それぞれに信頼できますから……。ただし、その偏僻がおかしくなると困ったことになると考えた。

「子曰く、古《いにしえ》は民に三疾《さんしつ》あり。今やあるいはこれ亡きなり。古の狂や肆《し》（注：古の狂は肆、の意。以下同）、今の狂や蕩《とう》なり。古の矜や廉《れん》、今の矜や忿戻《ふんれい》なり。古の愚や直、今の愚や詐《いつわり》のみ」（「陽貨第十七」450）

——昔の民には三つの偏僻があった。だが、今やこれも変質して実質的にはなくなっているらしい。昔の狂はつむじ曲がりだが潔癖だった。しかし、今の狂はつむじ曲がりで、放縦で、でたらめだ。昔の矜は誇りを持つから角があったが筋を通した。しかし、今の矜はうぬぼれてプライドだけが高く、そのためすぐ怒り、理に背《そむ》いて人と争うだけだ。昔の愚はお人よしだが率直で、思うことをそのままおこなったが、今の愚は私意私欲に率直で、そのためいつわりをおこなうだけだ——。

こういう人間も、孔子にとって悪むべきタイプだし、企業内においても信用されないでしょう。それから、口だけが達者で実行力のともなわない人間も、孔子は徹底的に認めません。

いつも一生懸命に勉強しているようなことを言っていた弟子の宰予《さいよ》が、実は家で昼間から寝ていたのがわかったとき、孔子は「こういう者には小言《こごと》を言っても無駄だから、教えることは諦《あきら》めた」と言い、さらに「今までは言葉を聴《き》いて、おこないもそうであろうと信じた。

今後は言葉だけでなく、そのおこないを見たうえで信用しよう。以後、私は人を見る方針を変えた」と言っています。

企業の経営者にしても、孔子と同じように考えるでしょう。一生懸命セールスをやっているようなことを言いながら、実は家へ帰って昼寝をしている人間など、許せるはずがないからです。

孔子には「口先だけの愛想笑い、もみ手しながらのペコペコを先輩の左丘明《さきゅうめい》は恥《は》じた。私もこれを恥《はじ》とする。怨《うら》みを心底に秘めて友だちらしくつきあうのを左丘明は恥《は》じた。私もこれを恥とする」という言葉もあります。つまり、ごますりだけの人間や、裏表のあるタイプは絶対に信用しなかったわけです。

それから、孔子は傲慢や贅沢《ぜいたく》、ケチが徹底的に嫌いで、そういう人間は、たとえいかに優秀であっても否定するのです。なかでも、贅沢を強く戒《いまし》めている。

「子曰く、奢《しゃ》なれば則《すなわ》ち不遜《ふそん》なり。倹なれば則ち固《こ》なり。その不遜ならんよりは、むしろ固なれ」（「述而《じゅつじ》第七」182）

――奢侈《しゃし》・贅沢は傲慢になる。倹約にすぎると頑固になる。どちらも困るが、傲慢より頑固のほうがまだましだ――。

このように見てくると、孔子の人間に対する評価が二千五百年以上経過した現代にも通用することは驚異だけれども、しかしよく考えると、孔子が言っているのはごく当たり前のことです。そしてこれは、人間評価面だけでなく『論語』全体に言える。

孔子という人物は、菩提樹《ぼだいじゅ》の下に座って悟りを開こうとしたり、僧院にこもって瞑想《めいそう》にふけったわけではありません。あくまでも世俗の人で、世俗社会の中になんとかして一つの秩序をつくりあげよう、という発想しかない。したがって話す言葉も、誰もが理解できる当たり前のことだったのでしょう。そして、それが『論語』の大きな魅力だと思います。

当たり前のことしか書いてないから、若い時代に『論語』を読んでも、少しも印象に残らない。たいてい学而《がくじ》（注：『論語』の第一番目の篇）第一から始めるわけですが「子曰く、学びて時に之を習う。亦説《またよろこ》ばしからずや。朋《とも》、遠方より来《きた》る有り。亦楽しからずや。人知らずして慍《うら》みず。亦君子ならずや」というのを見て、なんだこれはと思うのが普通です。しかし、たとえ内容が理解できなくとも、しっかり暗唱しておくのがいいのではないでしょうか。

これは聖書についても言えることですが、暗記さえしていれば、大人になってから本当の意味がわかるものです。そして『論語』が本当に理解できるのは、やはり四十歳を過ぎてからでしょう。『論語』は大人のための書物なのです。

山本七平《やまもとしちへい》

●初出一覧

はじめに　五百の会社を興した男
「新入社員の人生知識」一九八〇年一二月刊に所収　産業労働研究所
第一章　最も注目すべきは渋沢栄一
大経営者「渋沢栄一」ができるまで――「青淵」一九八五年三月号所収　渋沢青淵記念財団竜門社
「渋沢栄一の十一年間」から学ぶべきこと――「青淵」一九八六年九月号所収　渋沢青淵記念財団竜門社
第二章　日本を動かした『論語』の本質は何か
「142回　一隅会速記録」一九八三年二月刊に所収　一隅会
第三章　老荘の知恵の生かし方
「ダイヤモンドカセットブックフォーラムシリーズ」一九八八年九月刊に所収　ダイヤモンドエグゼクティブフォーラム
第四章　日本人への十二戒
「50億」一九八一年一月号～一二月号所収　日本青年会議所（注：三月号までの誌名は「30億」）
おわりに　渋沢栄一が熱中した『論語』
「プレジデント」一九八二年三月号所収　プレジデント社

本書は右記の初出一覧を再構成し、句読点を加える、注（注：＊＊）をつける等の新編集をしています。また本書には、今日の人権擁護の見地に照らして、不当、不適切と思われる表現がありますが、本書の性質や作品発表時の時代背景に鑑み一部を改めるにとどめました。（編集部）

著者略歴

一九二一年、東京都に生まれる。一九四二年、青山学院高等商業学部を卒業。野砲少尉としてマニラで戦い、捕虜となる。戦後、山本書店を創設し、聖書学関係の出版に携わる。一九七〇年、イザヤ・ベンダサン名で出版した『日本人とユダヤ人』が三〇〇万部のベストセラーに。以後、「日本人論」で社会に大きな影響を与えてきた。その日本文化と社会を分析する独自の論考は「山本学」と称される。評論家。山本書店店主。一九九一年、逝去。

著書には『「空気」の研究』『私の中の日本軍』(以上、文藝春秋)、『日本はなぜ敗れるのか』(角川書店)、『帝王学』(日本経済新聞社)、『論語の読み方』(祥伝社)、『なぜ日本は変われないのか』『日本人には何が欠けているのか』『日本はなぜ外交で負けるのか』『戦争責任と靖国問題』『精神と世間と虚偽』『戦争責任は何処《どこ》に誰にあるか』『池田大作と日本人の宗教心』(以上、さくら舎)などがある。

渋沢栄一《しぶさわえいいち》　日本《にほん》の経営哲学《けいえいてつがく》を確立《かくりつ》した男《おとこ》

二〇一八年三月一〇日　第一刷発行

著者　山本七平《やまもとしちへい》

発行者　古屋信吾

発行所　株式会社さくら舎　http://www.sakurasha.com

東京都千代田区富士見一-二-一一　〒一〇二-〇〇七一

電話　営業　〇三-五二一一-六五三三　FAX　〇三-五二一一-六四八一

編集　〇三-五二一一-六四八〇

振替　〇〇一九〇-八-四〇二〇六〇

装丁　石間　淳

写真　毎日新聞社／アフロ

編集協力　山田尚道・渡部陽司・柴田瞭（以上「山本七平先生を囲む会」）

印刷・製本　中央精版印刷株式会社

ISBN978-4-86581-142-1